漫步红色宝山路

谭旭东　张杏莲　编著

上海大学出版社
·上海·

图书在版编目(CIP)数据

漫步红色宝山路/谭旭东,张杏莲编著.—上海:
上海大学出版社,2023.11
ISBN 978-7-5671-4827-7

Ⅰ.①漫… Ⅱ.①谭… ②张… Ⅲ.①革命纪念地—介绍—上海 Ⅳ.①K878.2

中国国家版本馆CIP数据核字(2023)第216558号

责任编辑　石伟丽
封面设计　程　箫　王　静
美术编辑　柯国富
技术编辑　金　鑫　钱宇坤

MANBU HONGSE BAOSHANLU
漫步红色宝山路
谭旭东　张杏莲　编著
上海大学出版社出版发行
(上海市上大路99号　邮政编码200444)
(https://www.shupress.cn　发行热线 021-66135112)
出版人　戴骏豪
*
南京展望文化发展有限公司排版
上海颛辉印刷厂有限公司印刷　各地新华书店经销
开本 710mm×1000mm　1/16　印张 9.5　字数 123千
2024年1月第1版　2024年1月第1次印刷
ISBN 978-7-5671-4827-7/K·282　定价　98.00元

版权所有　侵权必究
如发现本书有印装质量问题请与印刷厂质量科联系
联系电话: 021-57602918

曾经的鸿兴路宝山路街景

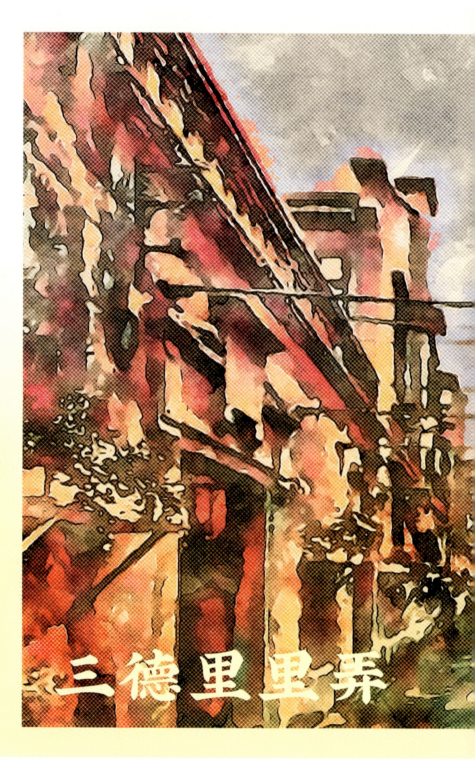

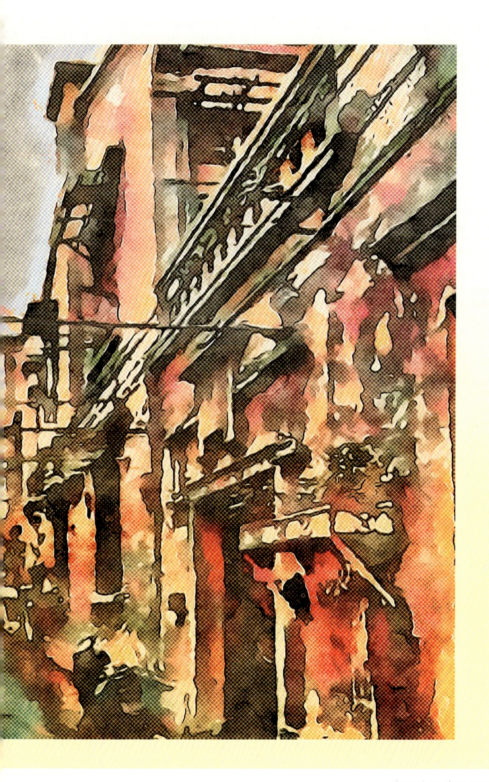

曾经的三德里里弄

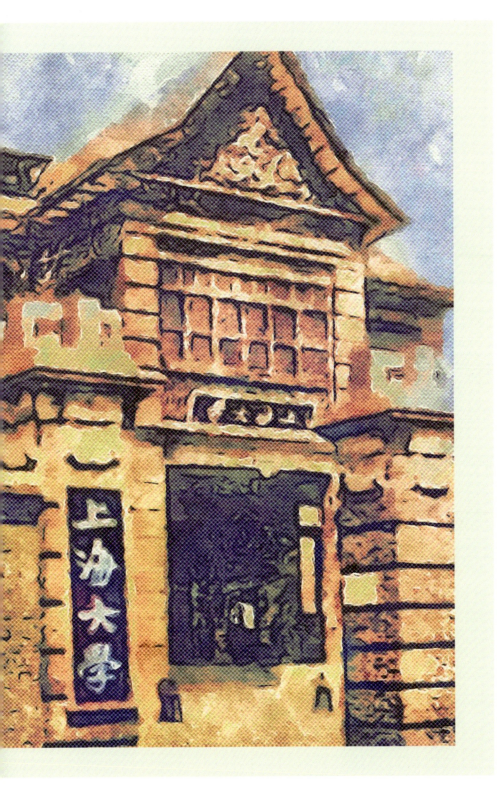

上海大学青云路遗址

上海工人第三次武装起义指挥部遗址——湖州会馆

原商务印书馆

原东方图书馆

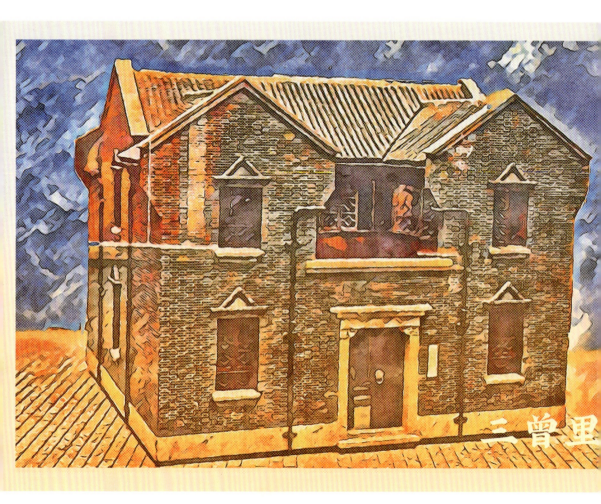

中共三大后中央局机关三曾里遗址

序言

1902年，一条南起天目东路、北至同心路的红泥石子路由闸北警察局修筑而成。这条路跨越闸北区与虹口区，原是宝山县通往上海县的要道，故得名宝山路。

时光如同车马川流不息，踏过街道留下百年痕迹。百余年里，茅盾、巴金、蔡和森、瞿秋白等人都曾在宝山路居住，五卅运动、上海第三次工人武装起义等事件也在宝山路上发生，百年时光的承载与坚守让宝山路见证了中国历史上的许多重大时刻，也为后人留下了众多仍旧可触可感的红色印记。

上海建城700多年，是近代发展起来的以商为主的国际大都市，是中西文化集中的交汇点。有人说，江南文化是上海文化的高地，海派文化是高原，红色文化是高峰。上海是中国共产党的诞生地，党诞生后，党中央机关长期驻扎在上海，红色文化从上海发端，百年长征从上海出发，伟大建党精神在上海孕育，延伸出来百年革命精神谱系。今年是中国共产党百年华诞，回顾历史，展望未来。一条宝山路的百年风云变幻，可以说是革命文化的缩影。悠悠漫步在宝山路上，我们仿佛走进一部卷帙浩繁的史册之中，一处处遗址静静讲述着岁月里的风云传奇，一段段故事带我们重回那段惊心动魄的红色记忆。

漫步于此，我们在弄堂小巷间采撷文人青年的思想星光。在这里，《向导》周报发行所等出版机构将革命的红色血脉传向远方，在黑暗中点亮一丝希望；在这里，通信图书馆广借好书，为所有阶层的青年打开知识的大门；在这里，创造社等进步团体为救国救民上下求索，为民族复兴献出赤忱热血；在这里，上海大学培养了一大批优秀人才，为中国革命与建设贡献了巨大力量……

漫步于此，我们在历史遗迹间感应革命志士的澎湃热血。在这里，郑振铎等人创办《公理日报》，为五卅惨案发出振聋发聩之呐喊；在这里，上海第三次工人武装起义取得胜利，湖州会馆承载了不灭的革命记忆；在这里，《平民日报》创办发行，在黑暗年代里为平民人权不断斗争；在这里，周总理坐镇东方图书馆，亲自上阵指挥工人革命斗争……

历史的呐喊仿佛还萦绕在耳边，百年时光却已如白驹过隙。宝山路上的前辈与先烈在这里留下了无数不可磨灭的丰功伟绩，而这条道路上的人们也一直在继承发展着他们的血脉与精神。

如今，宝山路街道隶属于静安区，辖区已涵盖71个小区，在新时代的发展与进步中，在现代城市治理的理念下，宝山路街道的居民们不断向前进发，以实际行动不断实现着居民们的美好生活愿景。

漫步于如今的宝山路，我们在邻里生活间看见社区居民的幸福舒适。在这里，宝山路街道践行"人民城市人民建"的理念，充分运用辖区内丰富的红色资源，举办互动情景剧、"画说宝山路"等活动，以生动有趣的形式赓续红色血脉；在这里，宝山路街道大力推进旧改工作，不怕困难与麻烦，尽最大努力让居民住得舒适、住得放心；在这里，宝山路街道设置"邻里家"服务中心，从亲子陪伴到老年健康，从特殊人群到普通居民，全方位为社区居民提供贴心服务；在这里，宝山路街道重视安全防控，利用先进技术排除安全隐患，为社区居民保驾护航……

胸怀千秋伟业，恰是百年风华。2021年，中国共产党迎来百岁华诞，

序　言

宝山路也已走过百余年历史。在百年历程中,宝山路上曾经发生的那些故事,见证了中国近现代革命发展的重要时刻,见证了中国百余年来的发展变迁,更见证了中国共产党带领中国人民不断走向美好生活的历史印记,这也正是《漫步红色宝山路》一书的创作初衷。在故事的漫步畅游里,一段伟大而又鲜活的奋斗历程与历史变迁就这样慢慢进入读者的眼帘,走进读者的内心。

跟随着文字的脚步,聆听着历史的声音,让我们共同开启这段震撼人心的漫游之旅。

忻　平

2021年岁末于上海大学

目录

回望
一路红色印记

红色汇聚　流播光明 ············ 3
弄堂小巷　聚天下众英才 ············ 12
红色学府　人才辈出 ············ 19
发言难万忍　唤醒睡梦人 ············ 27
会馆聚革命　风云几十载 ············ 34
呼百姓疾苦　为平民争权 ············ 40
百折仍心坚　起义藏书楼 ············ 46

前行
一路砥砺奋进

红色往昔　今朝依旧 ············ 55
铭记红色历史　传承红色基因 ············ 64

不忘初心　砥砺前行 …… 73

里仁为美　邻里是家 …… 80

疫情期间　跑出旧改新速度 …… 91

小小卫生间　浓浓为民情 …… 98

以法治建社区　依网格护安全 …… 106

网连千家万户　心系大事小情 …… 114

居民自治　共享美好 …… 120

附录 …… 128

回望
一路红色印记

红色汇聚　流播光明
弄堂小巷　聚天下众英才
红色学府　人才辈出
发言难万忍　唤醒睡梦人
会馆聚革命　风云几十载
呼百姓疾苦　为平民争权
百折仍心坚　起义藏书楼

红色汇聚　流播光明

在宝山路这条红色街道上,一片片居民区守护着这方土地。在日出日落的光影里,它们是如此平凡而又寂静;在春去秋来的岁月变迁中,它们又留下了许多伟大而厚重的历史印记。宝山路的众多居民区都是红色历史的见证者,在三德里(位于今宝山路南段,鸿兴路以东,永兴路以南)的弄堂里,一大批有志之士兴办文化机构,为国民奔走呼喊;在三曾里(遗址位于今临山路202—204号处)的楼宇间,中共三大后中央局机关秘密办公,为开展革命工作做出了巨大贡献。而位于今宝山路403弄的宝山里,在那个动荡不安的岁月里,也发生着许多动人心弦的传奇故事。

这里曾是工人运动的早期基地,也是茅盾、巴金、郑振铎、老舍等文化人士曾经的居住地,在这里更是建立了众多由中国共产党领导的具有深远历史影响的文化出版机构。红色星火在风雨飘摇中汇聚于此,随着一本本刊物发行,将革命的种子播向远方,于浑噩中振聋发聩,于黑暗中点亮希望。

黑暗中国的一线光:《向导》周报发行所

1921年,从上海的石库门到嘉兴南湖上的红船,中国共产党在艰难曲折中正式诞生,革命的火苗熊熊燃起,思想的光芒亟待传播。然而,1922年7月,《新青年》休刊;在1921年到1922年这段时间里,《劳动音》《劳动界》等中共创办的工人刊物也没能逃脱停刊的命运。为了能更好地配合党的工作,积极宣传党的主张,使理论与实践更好地结合,创办一个属于自己的政治机关刊物显得重要而又迫切。

1922年7月16日至23日,中国共产党第二次全国代表大会在上海

《向导》周报第一期

召开,大会决定将原来秘密出版的《共产党》月刊停刊,创办党的机关报——《向导》周报,由蔡和森担任主编。1922年9月13日,中共中央第一份政治机关报《向导》周报在上海创刊,其最早的发行所就设在宝山里,一份份报纸从宝山里发往全国,红色的血脉从这里出发,联结起了整个中国。

"本报同人依据以上全国真正的民意及政治经济的事实所要求,谨以统一、和平、自由、独立四个标语呼号于国民之前!"《向导》在发刊词《本报宣言》中大声疾呼,表明立场。作为中国共产党第一份公开发行的政治机关刊物,"打倒军阀""打倒帝国主义""国民革命"等口号最先在《向导》中叫响,在历史的时空中久久回荡。

发行期间,《向导》周报开设了《中国一周》《世界一周》《通信》《什么话》等栏目,陈独秀、瞿秋白、高君宇等文人志士在报纸上多次发表文章,针砭时弊,传播理论,对宣传马克思列宁主义,宣传党的纲领、路线、方针和政策以及推动国民革命斗争的发展起到了极其重要的作用。

说起《向导》,居住于宝山路的蔡和森与其有着不可分割的联系。罗章龙在《回忆蔡和森同志》一文中写道:"在我们这一辈人中,只要一提到《向导》,就自然地把它与和森的名字联系在一起。他的贡献之大、影响之深,就可想而知了。"蔡和森作为《向导》这份刊物的首任主编,为其倾注了大量的心血。

蔡和森自1921年加入中国共产党后,便从事党的理论宣传工作,担任《向导》周报的主编之后,他更是呕心沥血。在宝山路的住所里,人们常常看见他屋子里彻夜长明的灯火,听见他深夜思考时来回踱步的声音。为了革命工作,蔡和森经常熬夜改稿,废寝忘食,疲倦了连鞋子都不脱就躺在床上眯一会儿,一醒来又马上爬起来继续工作。这样不规律的生活作息,让蔡和森的身体变得十分瘦弱,哮喘病也时常发作。他那像鸣笛一样艰难的气喘声总是划破黑夜的寂静,白色的手帕经常被咳出的鲜血染红。但蔡和森心里明白,此时的革命工作刻不容缓,他顾不得自己的身体,坚持夜以继日地工作,整天在屋子里埋头阅读和写作,积极推动《向导》周报的刊发工作。

在蔡和森任职不到三年的时间里,他一共主编了116期《向导》周报,任职时间和主编的期数超过了《向导》周报的半数。任职期间,蔡和森主动走进工厂,虚心听取批评建议,专门增设《读者之声》等新栏目,及时聆听读者心声,积极反映民众呼声,在党和群众之间架起了一座坚实的桥梁,激发了无数民众的革命斗志。蔡和森卓有成效的工作,推动了《向导》周报的迅速发展,为彭述之、瞿秋白等后继者的工作奠定了重要基础。

1927年7月,《向导》周报在汪精卫叛变革命后被迫停刊。《向导》周报历时五年,见证了历史的兴衰浮沉,成为大革命时期国内最有影响力的刊物之一。在当时的中国新闻界,它被认为是"真敢替受压迫的工农阶级呼冤而确能指示民众以革命大路"的报刊,有读者称其为"国民革命的导师,也是工人阶级的喉舌"。

指引青年的一盏灯:《中国青年》出版领导机构

与《向导》周报发行所同在宝山里的还有《中国青年》出版领导机构(遗址位于今宝山路403弄92号)。1923年初,中共中央机关的印刷机构转移到了闸北(今属静安),随后,中国社会主义青年团(1925年改名为中国共产主义青年团)创办的机关刊物《中国青年》的出版领导机构也迁到了宝山里,并选址在弄口西边的第一幢房子内。自此之后,闸北便成了中国共产党领导革命文化活动的一个中心地区。在宝山路的居民区内住着蔡和森、李立三、邓中夏、瞿秋白、许德良等人,而陈独秀、恽代英、萧楚女、董亦湘等人也经常到宝山路宝山里讨论研究革命文化出版工作。

"政治太黑暗了,教育太腐败了,衰老沉寂的中国像是不可救药了。

红色汇聚　流播光明

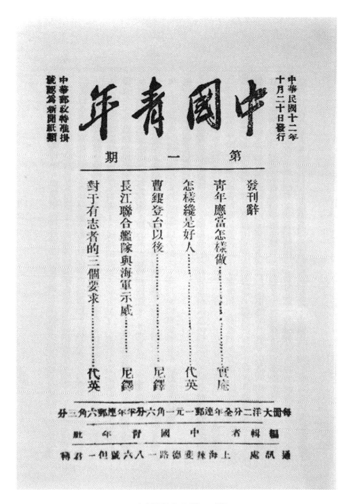

《中国青年》第一期

但是我们常听见青年界的呼喊,常看见青年界的活动。许多人都相信中国的唯一希望,便要靠这些还勃勃有生气的青年。"这是《中国青年》1923年发刊词的开首语,饱含着拯救中国的迫切心情与对未来青年的无限希冀。恽代英、萧楚女、林育南、任弼时、邓中夏、张太雷、李求实等先后担任《中国青年》的主编,《中国青年》在他们的主持下办得有声有色。"救中国是一般青年的使命。我们要为这些青年扫除一切陈腐邪恶的空气,指点他们最经济最有效力的途径",《中国青年》作为中国共产主义青年团的机关刊物,成为引导青年的指路明灯。

《中国青年》的出版领导机构在宝山里的地址,其实也是邓中夏的住所,刊物封面上的四个大字"中国青年"就出自邓中夏的手笔。1923年夏,恽代英受邓中夏之邀,到上海大学任教。8月,在南京召开的中国社会主义青年团第二次全国代表大会结束后,负责宣传工作的恽代英回到上海,在宝山里与邓中夏一起筹办《中国青年》。

恽代英是《中国青年》的第一任主编,也是在该刊物任职时间最长的主编。在那个风雨飘摇的年代里,他用不辞辛劳的付出推动着《中国青年》的刊发工作,也用充满光辉的思想照耀了当时无数的革命青年。

恽代英在刊物上以"代英""但一""FM"等署名,发表了《什么是机会主义》《怎样才是好人》等200余篇文章和通讯。他的文字,充满了对青年的关怀与热爱,是真正深入青年内心的道路指引。他根据青年人的特点,将革命道理用浅显生动的语言表达出来,使青年倍感亲切,被广大青年视为良师益友。恽代英和他主编的《中国青年》影响了一代青年,正如郭沫若同志所说:"在大革命前后的青年学生们,凡是稍微有些进步思想的,不知道恽代英、没有受过他的影响的人,可以说没有。"

《中国青年》在历史中不断向前发展,是国内现存的历史最悠久的红色主流期刊。时至今日,《中国青年》仍在出版发行,而宝山路宝山里的这一段峥嵘岁月也成为其红色历史的珍贵回忆。

飘摇岁月的一座堡:国华印刷所

在动荡不安的局势之中,中共出版发行机构在宝山路宝山里兴办得如火如荼,而在宝山里附近的居民住宅里,中国共产党在上海创办的第一家印刷机构也在此时期秘密创办。

1925年5月30日,上海发生了震惊全国的五卅惨案,五卅运动也随之爆发。革命形势的迅速发展,使得革命刊物和进步刊物备受青睐,为了更加广泛深入地传播革命思想和政治主张,此刻的中国共产党急需建立属于自己的印刷机构,当时的出版委员会立刻决定在上海开办地下印刷所,专门印刷秘密刊物和内部文件。

1925年6月初,在离宝山里不远的香山路香兴里(遗址位于今宝昌路临山路口),中国共产党在上海创办的第一家印刷机构国华印刷所正式成立。两台对开铅印机、一台脚踏圆盘机、一台36寸切纸机、一副老五号字铜模、几副铅字……简陋的印刷设备支撑起了一片革命思想传播的天地。

为安全起见,国华印刷所另挂"崇文堂印务局"的招牌对外营业,国华印刷所为崇文堂的特约加工工场。崇文堂印务局由徐梅坤、毛泽民、徐白民三人领导,委派倪忧天和陈豪千为正副负责人。印刷所的工作房设在居室内,崇文堂印务局在国华印刷所内放置一张办公桌,处理日常业务并单独建立账册,对外收取账款、开具发票。

印刷所的工作虽然一直在秘密进行,但印刷机器嘈杂的声音让其难以隐蔽,很容易引起敌人怀疑。一旦机器声引来反动军警前来搜查,所里笨重的机器和大量印刷品很难隐藏和转移。因此,所内人员每天都在高度的警觉中从事印刷工作,和敌人斗智斗勇,抢占时机。

1925年9月,交通员沈选庭将党内文件校样运送到中共中央组织部,但在执行任务的途中,突然遭遇公共租界英国巡捕的搜身检查,险些被捕。幸好英国巡捕看不懂稿子,沈选庭才得以逃脱,情急之中,沈选庭不得已将校样丢弃。这一次突发事件给国华印刷所造成了不小的损失,也带来了很多潜在的隐患。倪忧天、陈豪千估计印刷所有被查抄的危险,在商议之后,立即下令停止一切印刷工作,重新选择印刷所的地址和人员,为了防止机密泄露,将印刷所内所有的印刷模板和印张等物品统统销毁。印刷所停工持续到10月,由毛齐华主持拆卸全部设备,最终将印刷所迁往别处。

从1925年6月创办到同年10月停办,国华印刷所和崇文堂印务局仅仅存在了5个月的时间,却在宝山路写下了短暂而又辉煌的历史一页。在这期间,国华印刷所承印了五卅运动宣传品、上海总工会的小册子、马列主义书籍、各式传单、公告和党内刊物,还先后印发了《向导》《中国青年》《平民课本》等一大批警示录与革命启蒙刊物。思想的结晶在这里刻入一页页纸张,思想的光芒从这里流向一个个远方,国华印刷所就像一座坚实的堡垒,它的建立和坚守为中国共产党的刊物发行提供了有力保障,为革命思想的传播提供了重要途径,有力地扩大了中国共产党在全国的影响,以文字的力量激发着无数中国人的爱国情怀与反抗精神,激励着一批批有志青年投入革命的队伍之中。

在黑暗无声的年代里,中国共产党的革命星火一点点在宝山路燃起、汇聚、流淌,中共出版发行和印刷机构的建立让这片平凡的街道闪烁出划破黑暗的光亮,红色力量在这里不断汇聚,随着一页页纸张的传递向更为广大的中国人民传播希望与光明。

无数中国共产党的革命先驱在这里种下初心与希望,洒下热血与汗水,虽然百年时光已让历史归于沉寂,但那振奋人心的革命精神和建设中国的革命事业仍在宝山路上赓续。这片街道上的工作人员和居民们牢记前人的期望与努力,在这片热土之上,每一个人都在成为更加优秀的自己,共同打造更加先进的社区,为新时代而不断向前,为中国梦而拼搏奋斗!

参考文献:

1. 中央档案馆编:《中共中央文件选集(第一册)》,中共中央党史出版社1989年版。

2. 中共双峰县委宣传部编:《怀念蔡和森同志》,湖南人民出版社1980年版。
3. 人民出版社编辑部编:《回忆恽代英》,人民出版社2015年版。
4. 施泳峰:《高擎革命火炬的〈向导〉》,中国作家网,http://www.chinawriter.com.cn/n1/2022/0814/c442005-32502191.html。
5. 《翻开〈向导〉看导向(微观)》,人民网官方账号,https://baijiahao.baidu.com/s?id=1710914610095639901&wfr=spider&for=pc。
6. 《【聆听,红色印记】〈中国青年〉出版领导机构遗址》,上海静安微信公众号,https://mp.weixin.qq.com/s/igCwcr57c6Rtt3WN-z1tCA。
7. 《【聆听,红色印记】国华印刷所(崇文堂印务局)遗址》,上海静安微信公众号,https://mp.weixin.qq.com/s/gCJlTWmAdu5X1onXYIRGzw。

弄堂小巷　聚天下众英才

1982年的夏天，楼适夷静坐桌前，提笔在回忆文章《从三德里谈起》的开头写下了这样一段文字："上海闸北宝山路，有一条弄堂叫三德里，不知现在还在不在，那是在青年时代很值得纪念的地方。"

时光在岁月里不断穿梭，那个在楼适夷回忆中的三德里已经消失了近百年，但翻开历史的扉页，我们会发现，这个小小的上海弄堂仍在不断被人们提起，这里发生的人和事也一直被人们铭记。

"三德"意为"至德、敏德、孝德"，三德里建造于1917年前后。商务印书馆迁到宝山路之后，三德里作为商务印书馆的宿舍，就成了文化精英的寓居之地，也成了中国新文化运动的重要发源地之一。

在这条由20余栋两层石库门楼组成的弄堂里，很多家喻户晓的文人名士成了街坊邻居，诸多文化机构在此处设立，无数文化大事也在此处发生。三德里A3号——1925年，共产党人恽代英、杨贤江等联络进步人士郭沫若、叶圣陶等，在此发起成立中国济难会，救济遭受迫害者。三德里A11号——1926年，创造社出版部在此成立，创办了《创造月刊》、《A.11.》周刊、《幻洲》半月刊等刊物。三德里A12号——瞿秋白、杨之华夫妇曾居住于此处。三德里A16号——楼适夷参与经营的上海通信图书馆与中国世界语学会在此开展活动。三德里 A19 号——中华农学会会址,也是该会总干事、号称"当代茶圣"的吴觉农的住所。

在这一方小小的天地间,一群青年怀揣着理想与热血,在这里书写下历史新篇。

《A.11.》:以门牌为名的杂志

翻开中国近代出版物的历史扉页,杂志《A.11.》这个独特的名字吸引了众多读者的目光。迈着好奇的脚步走进名字背后的故事,我们讶异地发现,这个由字母与数字搭配而成的奇妙组合,竟与宝山路三德里的一处门牌有着千丝万缕的联系。在这个门牌里,占据了中国现代文学重要一隅的文学团体——创造社的出版部成立了,而《A.11.》正是创造社传播思想的重要刊物之一。

1926 年 4 月,《A.11.》第 1 期出版。在杂志的卷首语中,主编潘汉年便道出了《A.11.》这一引起诸多猜想的名字的由来:"我们这几个伙计,——创造社出版部的小伙计,——都是住在亡国的上海宝山路三德里 A11 号,四周的亡国气,妖气,奴气,鸟气,包蔽得沉闷异常,时常想伸出头来联合着'狂叫''狂喊''胡言''乱语'。"这篇短小精悍的卷首语在阐释刊名中表露了《A.11.》的办刊宗旨,"创造社出版部的小伙计"这一称呼更是流传后世,如今提到创造社,人们依然喜欢沿用"小伙计"这一亲切的称呼。

最初,《A.11.》只是一个不售卖的小刊物,每期刊登新书出版的消息。到门市部来买书的人都可以随手带走一份,在外埠的读者亦可以寄来邮费后由出版部按期寄送。然而,《A.11.》因为除新书消息之外还刊登一些针砭时弊的杂文和读者来信,其敢于发表言论的风格深受读者喜爱,于是很快变成了一个正式的刊物。

《A.11.》每期出版的内容虽不超过10篇,但内容极富战斗力量,穆木天、叶灵凤等人都在《A.11.》上发表了多篇文章。然而,《A.11.》最引人注目的,还是主编潘汉年以"汉年""汗牛""潘汉年"等署名所发表的文章。潘汉年在《A.11.》的创办上倾注了大量心血,他以"《语丝》式的杂文,以及泼妇骂街式的社会短评"抨击时事、发表言论,《原来如此"内除国贼"》《放屁的幸与不幸》《同济大学风潮愤言》等文章语言犀利、文辞流畅,处处展现着一位革命斗士的英勇无畏与慷慨激昂。

《A.11.》毫不避讳地揭露社会丑恶,将矛头直指反动军阀、外国侵略者等黑暗势力,锋芒太露,很快就被当局政府盯上了。1926年8月,《A.11.》仅仅出版了5期就被迫停刊。停刊后,潘汉年在《洪水》半月刊上发表了《〈A.11.〉周刊紧要启事》,发出不畏强权的呐喊:"我们闷居在黑暗里总得要追寻光明的,埋身在疲乏苦闷中,总得要企求兴奋,愉快的。朋友,请你等着吧,我们还要找其他说话的机会的。"不久之后,由创造社出版部同人编辑的《幻洲》出版发行,以新的面貌接续《A.11.》的革命之路。

1929年2月,创造社出版部最终没能逃过不幸的命运,被国民党当局查封。在这短暂的岁月里,除了《A.11.》,创造社出版部还编辑出版了《文化批判》月刊、《畸形》半月刊、《流沙》半月刊、《文艺生活》周刊等刊物,同时出版了《浮士德》(郭沫若译)、《俄罗斯文学》(蒋光慈编)、《圣母像前》(王独清著)、《春》(黄药眠著)、《使命》(成仿吾著)、《鸡肋集》(郁达夫著)、《旅心》(穆木天著)、《抗争》(郑伯奇著)等书籍。

这群居住在宝山路三德里的青年,既负责出版部的各项日常工作,又负责刊物的投稿撰写。他们不仅吃苦耐劳,更富有奇思与文采,在这个小小的弄堂里,他们一起谈天说地,一起艰苦创业,以思想的火种唤醒沉睡的人们。

上海通信图书馆：数次结缘三德里

1921年5月1日，上海通信图书馆创办。"湖畔诗人"应修人作为这座图书馆的主要发起人，其"修人书箱"可谓通信图书馆的前身。在应修人尚为钱庄学徒时，他就酷爱收藏书籍，虽爱书如命，却从不私藏，将收来的200多本书放入木箱内并取名"修人书箱"，专供同事中喜爱读书者借阅。

随着借阅书籍的人逐渐增多，在"修人书箱"的基础上，应修人、沈滨掌、谢旦如、许元启等热爱读书的青年共同创办了上海通信图书馆。这些早期成员均为在银行或钱庄等金融界工作的"职业青年"，他们共同出资、贡献藏书，供喜好读书者免费借阅，成为近代图书馆发展史上一道独特的风景。

上海通信图书馆的馆址先是在"福源钱庄"的楼上，后迁至天津路44号。之后由于会员间思想主张的分歧，沈滨掌等一批人登报脱离了通信图书馆。1925年初，通信图书馆暂迁至四川北路克明路（今四川北路永明路）天寿里应修人住处。1926年5月，通信图书馆又迁至宝山路三德里A16号。

在当时的社会经济条件下，有能力购买书籍的人并不太多，许多民众渴望阅读却难以满足，正如应修人在《上海通信图书馆与图书自由》中所说的，"知识谷里的甘美之泉，谁不想尽量吞喝？艺术园里的缤纷之花，谁不想恣情凝睇？而学术文艺所汇集的现代图书是怎样的汪洋无边；这汪洋无边的图书，能有全部购买力的共有几人？能有自由取读的机会的又有几人？"。为了让更多的人能有书可看，上海通信图书馆不收押金也无须保证，无条件地信任读者，住得较远或在外地的人甚至可以选择邮寄的方式借阅图书，馆名中的"通信"二字也由此而来，而上海通信图书馆也被誉为"上海第一个真正开放的公共图书馆"。

通信图书馆还成立了"上海通信图书馆共进会",在其章程中明确了办馆宗旨,即"联合各地爱读书而不能多买书的人们,以互助合作的精神,共同创办'上海通信图书馆',收集并流通有时代思想的各种学术文艺的书报,使每人每年只出有限的会费,能随时随地读到无数的刊物;同时并推己及人,公之于社会,使各地有志读书而困于经济者,也能不离住所,不妨业务自由借读各种书籍"。

由于上海通信图书馆面向大众、借阅方便,越来越多来自社会各阶层的人士加入共进会,郭沫若、郁达夫、郑振铎、胡适等人都成为其成员,新青年社、上海书店、文学研究会等向图书馆捐赠了大量图书,藏书从300余册增至2万多册。上海通信图书馆入驻三德里后,隔壁创造社的"小伙计"们也常常到图书馆义务劳动,创造社出版部负责印刷的许多刊物也在图书馆中不断上架和出借。

上海通信图书馆在中国图书馆发展史上留下了不可磨灭的印记,短短几年里,读者遍布海内外。与此同时,这座图书馆在中国革命史上也起到了极其重要的作用。

楼适夷参与了通信图书馆的大量工作,他在后来的回忆中这样写道,"(三德里)这条弄堂,先后有世界语学会,创造社出版部门市部,一时文化空气很浓。而政治空气最浓厚的是通图"。

通信图书馆一直以宣传新文化和新思想为宗旨,收藏了大量的进步报刊和马克思主义著作,如《新青年》《向导》《共产党宣言》《通俗资本论》等,在五卅运动后更是致力于使无产者有书看的进步事业中。在图书编类法上,上海通信图书馆没有采用当时图书馆普遍使用的杜威十进分类法,而是以马克思主义为指导,在应修人的主持下,集体编撰了《S.T.T.图书分类法》,这是我国第一部以马克思主义观点为指导的分类法。

1925年五卅运动期间,上海通信图书馆成立了共青团支部,同年,应修人等人加入了中国共产党,开始在图书馆中开展相关工作。在通信图书馆的成员中,有许多人为中国共产党的事业不懈奋斗甚至牺牲——被国民党逮捕英勇就义的龙华二十四烈士之一的恽雨棠,为保护密码与特务搏斗坠亡的应修人……

1926年底,应修人、楼适夷等通信图书馆主要成员相继离开,投入到了更加广阔和激烈的革命事业之中,再加上当时上海政治局势动荡,通信图书馆在1927年4月10日彻底宣布暂停。

1928年春,上海通信图书馆迁至福生路(今罗浮路)俭德里,恢复了外借业务,逐渐又兴盛起来。同年10月,通信图书馆迁回了三德里,与三德里再续前缘。此时的通信图书馆馆舍面积已有两大间屋子,基本会员450人,读者5 000多人,藏书5 000多种。

国民党当局一直对上海通信图书馆虎视眈眈,先是以接受、救济通信图书馆的名义试图扼杀它,但通信图书馆的会员和读者很快识破了国民党的诡计,团结起来共同守护通信图书馆。国民党当局见扼杀无效,便直接在1929年5月4日下令秘密查封了通信图书馆,并对馆内书籍进行严格审查和销毁,将其改造成了宣传国民党当局的"上海市流通图书馆"。

上海通信图书馆的命运在沉浮8年后最终走向结束,虽然后来共进会成员与社会各界多次抗争,最终也没能让通信图书馆回归到大众视野,不过,它所创造的光辉历史依旧在人们之间不断流传。

在三德里的小弄堂里,众多文人在此地生活居住,众多文化机构也在此处兴起发展。在1932年淞沪抗战的炮火中,这片充满新思想与新文化的小小天地在浓浓硝烟中毁于一旦,那些曾经激昂着无数青春岁月的地方被夷为平地,消失在历史的滚滚长河之中。

虽然我们现在已经无法找寻前人当年的痕迹,但那些在这里发生过的故事穿越战火,流淌进我们的内心,不断激励着我们奋发向上。

参考文献：

1. 饶鸿競等编：《创造社资料》，福建人民出版社1985年版。
2. 许洪新主编：《回梦上海老弄堂》，上海科学技术文献出版社2004年版。
3. 楼适夷、赵兴茂编：《修人集》，浙江人民出版社1982年版。
4. ［日］小谷一郎，王建华译：《三德里的"小伙计"——创造社出版部和上海通信图书馆》，《上海鲁迅研究2016年春》，上海社会科学院出版社2016年版。
5. 楼适夷：《关于上海通信图书馆的一封信》，《图书馆杂志》1982年第4期。
6. 谢灼华：《五四运动——第一次国内革命战争时期的上海通信图书馆》，《图书馆学通讯》1960年第5期。
7. 郑爽：《会员制模式在民国私立图书馆的运用——以上海通信图书馆为例》，《图书馆研究与工作》2022年第5期。
8. 孟昭晋：《上海通信图书馆》，《国家图书馆学刊》1988年第3期。
9. 李克西：《上海通信图书馆的创始者——应修人》，《图书馆工作与研究》1980年第4期。
10. 朱少伟：《档案春秋｜潘汉年的沪上编辑生涯》，澎湃新闻，https://www.thepaper.cn/newsDetail_forward_4013229。

红色学府　人才辈出

在宝山路这片小小的土地上,中国近代历史于此处留下了许多轰轰烈烈的革命记忆。在宝山路街道的辖区内,新文化运动在这里蓬勃发展,工人革命运动在此处多次爆发,共产党的早期活动在此处秘密开展。与此同时,一所以上海这座城市命名的大学也在此处孕育兴起。

1922年,为了培养革命干部,在中国共产党和国民党酝酿合作的背景下,由共产党人主导,与国民党人合作创办了上海大学。于右任担任校长,邵力子任副校长,邓中夏任总务长,瞿秋白任教务长兼社会学系主任。作为中国共产党参与创办并实际领导的第一所正规大学,上海大学培养了一批重要的革命力量,素有"文有上大,武有黄埔"的美誉。

青云路上的弄堂大学

1922年春,市侩文人王理堂借学敛财,打着"提倡新文化"的旗号,假借陈独秀、胡适之名,在上海闸北青岛路(即青云路)的弄堂里建立了东南高等专科师范学校,招募了来自全国各地的160多名学生。

可是,这些学生到校后,看到校舍陈旧、设备简陋,而且未见到学者名流,每日伙食也难以保障,发觉自己上当受骗。开学后不久,王理堂又将校务工作移交他人代理,自己却拿着学生的学膳费去往日本。学生在得知这一消息后,积压已久的不满情绪最终爆发,引发了学潮,力促校方改组,提出可邀请陈独秀、章太炎、于右任中的一位担任校长并改校名为"上海大学"。

当时,章太炎隐居苏州,陈独秀行踪捉摸不定,于右任便成了最佳人选。学生们设法找到了当时具有国民党员和共产党员双重身份的《民国日报》副刊《觉悟》的主编邵力子,请求邵力子邀约于右任担任校长。

1922年10月23日是上海大学成立的日子。这天上午,全校150余名学生手执欢迎小旗,并组织了军乐队,到北火车站列队迎候新校长。当于右任、邵力子乘坐临时雇佣的汽车经过欢迎队伍时,音乐声和欢呼声汇成一团。于右任在致词中表示愿"尽力之所能,辅助诸君,力谋学校发展"。自此,于右任出任上海大学校长,邵力子担任副校长,校址仍定在青云路原址,校舍为10余间老式石库门二层楼房,弄堂门即校门,人称"弄堂大学"。

23日当天,《民国日报》上刊登了《上海大学启事》:"本校原名东南高等专科师范学校,因东南二字与国立东南大学相同,兹从改组会之议决,变更学制,定名上海大学,公举于右任先生为本大学校长。此布。"

随着上大的办学规模不断扩大,学校急需建立健全决策机制和领导机构。于是在1923年8月,于右任主持建立评议会(后改为行政委员会),评议会作为学校最高会议。评议会推定叶楚伧、邵力子、邓中夏、瞿秋白等9人为评议员,并拟请定孙中山为名誉校董,蔡元培、汪精卫、章太炎等20人为校董。评议会还决定半年内建成新校舍。

校长于右任广纳贤士,对任何"有主张、能奋斗之士"都寄予厚望。1923年4月,邵力子协同于右任在四马路(今福州路)同兴楼邀约李大钊、张继商谈校务,李大钊推荐邓中夏担任总务长,主持该校行政工作。不久后,陈独秀为了加强上海大学的领导力量和教学力量,又推荐瞿秋白担任教务长兼社会学系主任。这两位著名共产党人来到上海大学,确定了新的办学方针,也吸引了更多人投入上海大学的教学工作之中。

1923年7月,中共上海地方兼区执行委员会按照党员居住相近的原则,把上海的共产党员53人编成5个小组(实际编入小组的共44人),上海大学为第一小组,有党员11人,占全市在编党员人数的四分之一。

人才济济的高等学府

上海大学作为国共合作培养革命干部的高等学府,在短暂的办学时间里培养了一大批优秀人才,闻名遐迩。在那段时光里,上海大学以"养成建国人才,促进文化事业"为办学宗旨,众多学者文人到此地担任教师、开授讲座,众多学生也在新思想的浸润中成长为后来中国革命与发展的中坚力量。

邓中夏在《上大的使命》中写道:"教职员的薪水,有的完全尽义任,一文也不拿;有的为维持生活,亦只拿到很少的数量,还比不上一个高等机器匠的工资;有的原在别校拿很高的薪水,却情愿抛弃了来上大吃苦;有的原有别项职务,收入已丰,并且没有余暇,都情愿多吃苦来上大兼课。"

瞿秋白考察回国后,放弃了高薪工作,毅然决然来到上海大学,担任社会学系主任,主讲社会学和社会哲学。初到上大,瞿秋白便发表了《现代中国所当有的"上海大学"》一文,为上海大学的学科建设及发展提出构想,擘画蓝图。瞿秋白学识渊博、教学方法灵活、态度和蔼,为了给学生解释清楚问题,多次在课后去学生宿舍讲课。在瞿秋白的课堂上,讲台下总是挤满了前来听课的人,其中不仅仅有外系的同学,甚至还有很多本校的老师,教室经常容纳不下这么多人,大家只好站在窗外听课和做笔记。

除了投身上海大学教学的瞿秋白、陈望道、施存统、邓中夏等人之外，还有许多文人学者非常关心和支持上海大学的办学事业，到学校进行讲演。1923年11月11日，胡适在上海大学做"科学与人生观"讲演；同年12月2日，章太炎在上海大学做"中国语音统系"讲演；自1923年开始，李大钊更是5次到上海大学，举行了"演化与进步""社会主义释疑""史学概论""劳动问题概论"等讲演。他们的到来为上海大学带来了更多知识与思想的火苗，他们的演讲不断鼓励着莘莘学子奋发向上、追求卓越，在无数青年心中留下深远长久的回响。

上海大学只存在了不到5年的时间，却以超乎寻常的魅力，聚集了一大批名师贤达。在"大牌"云集的师资里，共产党员教师占据了相当大的比例，邓中夏、瞿秋白、施存统、陈望道、蔡和森、张太雷、李汉俊、恽代英、沈雁冰、郑超麟等人都在这里传播着救国救民的进步思想。

在这座青春激昂的校园里，学生们不仅接受新思想，学习新知识，更在丰富多彩的校园活动中不断表现自我、实现发展。1923年10月，上海大学举行了一周年纪念会，校长于右任、各教职员以及300余名学生出席。报告及演说会结束后，学生们演出了剧目《盗国记》，12幕一次演完，还演出了幻术、拳术、舞蹈等节目。

1924年，夏令讲学会以上海学生联合会的名义举办，地点就设在上海大学。讲学会从7月6日开始到8月31日结束，历时8周，共51讲，其中上海大学教师担任主讲的占一半以上，不少青年在讲学会上接受了马克思主义的启蒙教育，对他们以后走上革命道路有很大影响。

在上海大学的培养与熏陶下，无数为国建功立业的有志青年在中国历史上留下了重要一笔。他们有的成为在革命中为民族危亡英勇牺牲的革命烈士，有的成为新中国成立之后的栋梁之材。在中国近现代的发展史和中国共产党的发展史中，上海大学培养的人才发挥了重要作用，他们的红色精神影响着一代又一代中国人。

革命斗争的红色学府

受共产党领导和马克思主义的深刻影响,上海大学在革命精神的浸润中成为一所红色学府。面对帝国主义的暴行,上海大学学子热血激昂,多次冲在游行示威队伍的最前列。虽然手无寸铁,他们却毫不畏惧,以自身力量为人民奔走呼号。

在国民会议运动中,上海大学学子为支持孙中山,与社会各界人士走上街头,面对法帝国主义的暴力镇压绝不低头。在天后宫,上海大学学子黄仁大声质问国民党右派的错误主张,用生命喊出"打倒一切帝国主义,打倒一切封建军阀"的口号,成为上海大学学生在反帝反封建斗争中牺牲的第一人。在上海大学众多的革命斗争中,1925年震惊中外的五卅运动不得不提,上海大学在其中所做出的重要贡献,也让"北有五四之北大,南有五卅之上大"的说法在社会上广为流传。

1925年5月,日本各纱厂背弃2月罢工协议,屡起开除男工风潮,这一举动引起了22家工厂大罢工。内外棉七厂工人顾正红等进厂交涉,日本人突然开枪将顾正红杀害,并且打伤10多人。这一事件传出后,激怒了社会各界的正义人士,大家群情激愤,纷纷想要向日本人讨一个说法。

5月24日,上海大学学生刘华根据党的指示,具体负责筹备召开了公祭顾正红大会,当时参加的工人、学生人数达1万多人。闸北潭子湾广场人山人海,庄严肃穆,会场中央帷幕前悬挂着顾正红的遗像,帷幕上悬挂着刘华亲笔题写的挽联:"先生虽死,精神不死;凶手犹在,公理何在?"

就在公祭顾正红当天,上海大学4名学生手持旗帜,沿途散发传单赶赴追悼大会,中途却被巡捕以"扰乱社会秩序"的罪名拘捕。5月28日晚,为营救被捕学生,中共中央决定发动学生30日到租界示威演讲,抗议列强对中国学生的迫害。

5月30日,上海大学、复旦大学、同济大学等学校的3000多名学生来到南京路准备游行示威。所有学生全部到齐后,各大学校的旗帜都竖了起来,在风中猎猎掣动,而排头的"上海大学"四个字尤其夺目。

学生们举着"援救被捕学生""收回外人在华一切租界"的旗帜,示威演讲,散发传单。租界巡捕倾巢出动,逮捕演讲学生百余人。英国巡捕、印度巡捕对学生开枪镇压,顿时血肉横飞。上海大学学生、共产党员、共青团上海地委组织主任何秉彝等13人当即牺牲,重伤数十人,轻伤者无数。殖民当局在南京路酿成震惊中外的五卅惨案。

五卅惨案发生后,上海学生联合会的负责人、上海大学学生刘一清率领学联代表到交涉署交涉,据理力争,要求巡捕房做到:释放被捕学生,医养受伤学生,凶手必须偿命,向中国政府及各学校道歉等八条。

5月31日,大雨如注,南京路一带帝国主义者戒备森严,武装巡捕加设岗哨,还调来万国商团的海军陆战队,铁甲车上架设机关枪,继续疯狂地逮捕与屠杀群众。面对这样的局势,上海大学等高校的学生仍然冒雨上街散发传单。

当日下午,包括上海大学学生在内的全市工人、学生群集天后宫广场,要求总商会罢市,在1万多名工人、学生面前,总商会副会长方椒伯犹豫再三最终在罢市文告上签字,同意公共租界各马路自6月1日起罢市。

当晚,各工会立即召开联席会议,决定公开上海总工会,李立三为委员长、刘华为副委员长、刘少奇为总务科主任,会所设立在宝山路宝山里2号。6月1日,上海总工会正式挂牌办公,并立即发布总同盟罢工口令。

6月2日起,上海20万名工人先后投入总同盟罢工之中,5万名学生举行罢课,公共租界大部分商人罢市,甚至一些受捕房雇佣的华捕也实行了罢岗,上海人民齐心协力,为反对帝国主义暴行抗争到底。

由于上海大学积极参加各项革命活动,帝国主义对上海大学极端仇视,欲将其驱逐出租界而后快。1925年6月4日上午,上海大学学生会在开会研究如何组织同学继续投入反帝斗争。突然,10多辆载着帝国主义万国商团士兵的汽车冲进学校。士兵们荷枪实弹,手持木棍,气势汹汹,下车后马上将时应里及西摩路口、南洋路一带团团围住。巡捕闯入学校,将全校教职员工学生驱逐至宿舍外操场中,强行搜身,又进入宿舍翻箱倒柜,把学生的衣物扔出窗外,并限学生于10分钟内将所有物件搬至他处,不得逗留,不准再进校门。

上海大学教职员在学校被帝国主义强占、损失巨大的情况下召开会议,决定以减薪维持学校,此举使学生很受鼓舞。师生互相勉励,克服帝国主义造成的困难,共同努力,继续办好这所革命大学。

南京路发生流血事件时,于右任校长正在河南,他接到上海大学学生会急电,当即星夜赶程抵达上海。6月6日,于右任亲自主持召开教职员及全体学生紧急会议,组织上大临时委员会,负责处理学校一切重大事宜。会上,于右任向全校师生宣布募捐重建上大新校舍计划,鼓励大家团结一致,继续坚持办好上海大学。

6月9日起,帝国主义会审公堂连续数日开庭审讯上海大学学生瞿景白、蔡鸿烈、梁郁华、李宇超等在五卅无辜被捕的学生。学生们就以工部局会审公堂为阵地,与帝国主义者开展了说理斗争。

在全市各界人民反帝运动的压力下,帝国主义当局不得不于6月11日晚宣布学生无罪开释。上海大学在校师生,在临时校舍挂上"欢迎被捕同学出狱"的横幅,热烈欢迎反帝斗争中英勇顽强而又备受铁窗之苦的同学返校。

6月11日,学生会临时委员会协助学校,组织全校师生参加工商学联合会在南市体育场举行的工人学生市民等20多万人的群众大会。上海大学虽然被封,但仍有300多人参加大会,师生们斗志昂扬。

1925年9月,上海大学租闸北青云路师寿坊民房为临时校舍坚持办校。五卅惨案发生后,大批历经考验的学生被吸收加入中国共产党,党内增加了新的血液。上海大学党组织在五卅惨案以后发展党员达到130人,是上海大学建立党组织以来党员人数最多的一个时期。

在中国最为黑暗与动荡的年代,上海大学以思想的曙光照亮了无数有志青年,以革命的力量为拯救中国做出了巨大贡献。虽然上海大学最终在四一二反革命政变后被查封,但其红色精神从未泯灭,在中国近现代历史上不断传播。

百年后的今天,上海大学在宝山路辖区内发生的故事依旧感染着这里的人们,上海大学和它的师生们的故事依旧在这里传唱不息,他们以榜样的力量激励着无数后来之人,为国为民,激昂青春。

参考文献:

1. 胡申生编:《上海大学(1922—1927)研究文选(1980—2020)》,上海大学出版社2021年版。
2. 上海市委党史征集委员会主编,王家贵、蔡锡瑶编著:《上海大学(一九二二~一九二七年)》,上海社会科学院出版社1986年版。
3. 吴越:《上海早晨:记中共创办的第一所大学(1922—1927)》,上海人民出版社2019年版。
4. 洪佳惠编:《〈民国日报〉中的上海大学(1922—1927)》,上海大学出版社2021年版。

发言难万忍　唤醒睡梦人

"《公理日报》！新出版的《公理日报》！"

"《公理日报》！请看南京路惨案之真相！"

1925年6月3日，天空微亮，上海的街头就传来了此起彼伏的叫卖声。"公理""南京路"等字眼很快激起了市民们的好奇心，这份售价1铜板的小报出版第一天就受到了很大关注。市民们争相购买，互相传阅，没几天，《公理日报》便以其振聋发聩的呐喊轰动了整个上海滩。

发表我们万忍不住的谈话

时间回到几天前。5月30日下午，郑振铎乘车前往南京路附近的一家书铺，发现路上行人步履匆匆，气氛有些奇怪。到了书铺后，郑振铎本想看看有什么新上架的好书，却发觉书铺老板神色有些慌张，口中说着"不得了！不得了！巡捕开排枪，打杀了几十个学生"。郑振铎联想到路上不同寻常的氛围，不由得心头一紧，意识到发生了大事，立刻放下手中的书本，匆匆赶往了南京路。

郑振铎要前往的，正是震惊世界的五卅惨案案发现场。郑振铎赶到现场时，离案发已经过去了一个多小时，但他仍然逗留了很久才回到位于宝山路宝兴西里9号的住处。到家后的郑振铎一言不发，脸色铁青，不停地在书房里来回踱步，妻子高君箴几次催他吃饭他也没有回应。郑振铎一根接着一根地抽着烟，显得极为失落，脑海中反复回想着下午在南京路看到和听到的一切。

"什么事也没有如'五卅'大残杀事情发生得出我意外，使我惊怖了……有一家店铺，正在打扫破玻璃。'这定是被流弹打碎的，'……我几乎不能相信一点三十分钟之前，在这里正演着一出大残杀的活剧！"这是郑振铎当晚写的《街血洗去后》里的一些话。他在抽了不知道多少根烟之后，怀着满腔的愤怒连夜写下了这篇文章。郑振铎意识到，自己必须将所见所闻公之于众。

然而，这样一件事情在上海当时的各大报纸上竟然没有如实报道，在租界当局的压力下，没有一家报纸敢登载与五卅惨案相关的新闻。这一情况让郑振铎无比震惊，怀着对租界当局残忍暴行和各大报纸懦弱行为的无比愤怒，郑振铎与叶圣陶、胡愈之、王伯祥等人磋商，决定邀请少年中国学会、中华学艺社、文学研究会等10余个团体组成上海学术团体对外联合会，并于6月1日在郑振铎位于宝山路宝兴西里的家中召开会议。

会议当天，无数革命青年齐聚宝兴西里，对五卅惨案展开了激烈讨论，共同拟定了《上海学术团体对外联合宣言》。同时，考虑到当时上海报纸"对于如此残酷的足以使全人类震动的大残杀案，竟不肯说一句应说的话"，郑振铎等人提出了"自己来办一份报纸"的倡议并获得一致赞同。经过一系列的商讨，报纸最终定名为《公理日报》，办报经费由参加会议的各个团体分头募捐筹集，纸张和印刷由商务印书馆的职工负责，发行则由一些学生协助商务印书馆的职工负责。《公理日报》的编辑部和发行所定在了郑振铎家里，郑振铎、叶圣陶、沈雁冰等人负责编辑、撰稿。通过《公理日报》，他们要"发表我们万忍不住的谈话，以唤醒多数的在睡梦中的国人"。

在这群有志之士高效的筹备下,《公理日报》于 6 月 3 日正式出版,从宝山路发源,开启了它短暂而又传奇的一生。

振聋发聩的呐喊

由于编辑部和发行所定在郑振铎的家里,6 月 3 日天方破晓,上海宝山路宝兴西里的小巷里便挤满了领报的人。群众高涨的革命热情浸染了宝兴西里的每个角落,有些人生怕自己领不到报纸,便想从窗户往郑振铎家里爬,以致把玻璃都给弄碎了。郑振铎家里也是一派忙碌的景象:郑振铎的母亲在厨房给人家做饭、烧水泡茶,郑振铎的妻子在忙着给领报的人发报,郑振铎和叶圣陶等人则一夜未睡,白天还一直在忙着写稿、采访,丝毫不知疲倦。

《公理日报》在 6 月 3 日的创刊号中揭露了上海报界不敢如实报道五卅惨案的懦弱行为,刊登了顾正红被杀害的经过,有力控诉了帝国主义的残忍行径,还讲述了五卅惨案的事实,指出工部局巡捕对于工人、学生的伤害并非误伤,而是不讲人道的镇压。所刊登的《上海学术团体对外联合宣言》郑重提出了六项要求:收回全国英租界;英政府向中国道歉;立刻释放被捕的学生工人;严惩肇事捕头及巡捕;优恤死难者;赔偿伤者损失。其中还呼吁"使英人对吾人要求全数照办而后止",这是对帝国主义强有力的控诉,也是郑振铎等创报者对于"公理"的诉求。

这份报纸一经发行,迅速引起了强烈反响,社会影响很快超过了《申报》《新闻报》和《时事新报》等大报,日销量曾达到两万份,成为工人运动的有力宣传武器,激起了爱国人士的斗争热情。

除了得到国内广大爱国人士的支持,《公理日报》还全文刊载了《国际革命者救济会宣言》,该宣言由英国萧伯纳、法国巴比塞等 10 位国际救济会主要成员联名签署。

"愿意我们中国的兄弟们,幸而还保存着自己生命的,知道隔着几万里的海洋几万重的山岳,有几千百万的劳动者和工人,对于他们抱着深切的同情,准备着为他们的自由而奋斗生死呢……中国民族解放万岁!各国黄白黑种民族之工人及劳动的智识阶级之世界大联合万岁!"

这一份宣言饱含深厚的人道主义关怀,鼓舞了热血激愤的爱国人士,照亮了黑暗里的中国人民。这也是一份非常重要的历史文献,表明五卅惨案已经引起了国际社会的关注,《公理日报》有了更为广泛的影响。

勇敢无畏的斗争

《公理日报》所表达出来的爱国主义情怀是让人热血澎湃的,但它不仅仅有充满热血的呐喊,还通过动员群众的力量与帝国主义侵略者做斗争。

第三期《公理日报》呼吁对英国实行经济绝交,并提出了"欲实行既经济绝交,最要紧的,自然是要大家不买英国货,不用英国钞,不在英国工厂、商店中工作"的倡议,在此基础上还给出了两条实际性的建议:一是报纸不登载英国公司商店的广告;二是调查英国商品,列出详细调查表并号召人们不进口、不购买。

针对第一条建议,《公理日报》以身作则,汇聚群众力量,让《神州日报》《民国日报》《商报》等报纸公开宣称不再登载英日广告,《新闻报》《申报》《时报》等也采用"广告开天窗"的方式来平息群众的愤怒。虽然《公理日报》刚刚发行不久,规模并不算大,但通过不懈的努力,它成功促使许多大报在抵制帝国主义侵略者上做出了实际行动。

针对第二条建议,《公理日报》公开征求英货调查表,号召全国工商学界共同参与,对英国货物的货品、商标和英商牌号进行搜集统计,逐一在报纸上进行公开,后来还编写了一份"英货调查表"公之于众,里面包含了1 000多种货品,提醒商家不要进口,老百姓不要购买。《公理日报》所表现出来的决心令人敬佩,极大地激发了民众的爱国主义热情。

除了揭露帝国主义的侵略行径外,《公理日报》对于那些在民族危难之际只顾自身虚名和享受的人进行了有力的批判,通过"社会裁判所"这一专栏将他们的行为公之于众。其中,由叶圣陶撰写的《虞洽卿是"调人"》就批判了当时的全国总商会副会长、上海总商会会长虞洽卿缺乏坚定立场。文章写道:"调人!洽卿是来作调人的!……我们不知道他的国籍是什么!……不知他的血管里有没有一点一滴红热的血!"《公理日报》对于虞洽卿这类人不留一丝情面,他们尽管都身份显赫,但在民族大义面前却选择妥协和懦弱,无异于侵略者的帮凶。《公理日报》对他们的丑恶行径进行了无情揭露,撕破其伪装,将他们的真面目公之于众。

告别只是暂时的

《公理日报》通过"中理而宏达"的议论,表达了众多爱国志士对于民族危亡的担心,赢得了数万名读者的同情,也唤起了无数中国人民族意识的觉醒。然而,也正是因为这种大无畏精神以及对帝国主义侵略者和租界当局罪恶的揭露,印刷厂很快就受到了租界当局的威胁,6月23日《公理日报》被下令禁售,加之资金不足等多重原因,不得不在 6 月 24 日停刊。

郑振铎的妻子高君箴在纪念郑振铎殉职 22 周年的文章中说:"六月二十三日深夜,振铎书房的灯光通夜亮着。他抚摸着案上一份份二十几个日日夜夜与自己朝夕与共的《公理日报》,似乎在与好友惜别。"心情复杂的郑振铎亲自撰写了《〈公理日报〉停刊宣言》,为这份倾注了他 20 余个日夜心血的报纸画上了句号。

6月24日的停刊号登载了这份由郑振铎执笔的停刊宣言,宣言再次阐述了《公理日报》创设的初衷:乃激于上海各日报之无耻与懦弱,对于如此残酷的足以使全人类震动的大残杀案,竟不肯说一句应说的话,故不得不有本报的组织,以发表我们万忍不住的谈话,以唤醒多数的在睡梦中的国人。所以说,《公理日报》是勇敢的,因为它在呐喊、在战斗。

这次停止并不意味着斗争的终点,在停刊宣言中,郑振铎还写下了这样的话:"赤手空拳的高叫着'公理','公理'!是无用的。"这是郑振铎的总结,他愈发明白要想真正追求到公理,只能投身实际的斗争中去,动员更多的人和更加强大的力量才能实现,这可能也是他所说的"我们的工作万不能就此终止"的意义吧!

从6月3日创刊号到6月24日停刊号,《公理日报》仅仅存在了22天,但这22期所传达出的声音是振聋发聩的,所表达出来的斗争精神也是永垂不朽的。停刊宣言中说"来日方长,我们的告别是暂时的",因为"我们"对于公理的追求会一直持续下去!

1932年的"一·二八"事变中,作为《公理日报》编辑部和发行所的郑振铎住所被惨烈的战火吞噬,变为一片废墟。现如今,原来的宝山路宝兴西里9号变成了静安区宝山路581弄,旧址虽已不复存在,但这里发生过的故事和精神代代流传。宝山路的居民们从未忘记先辈在这里抛洒过的血汗,在新时代的征途中,他们用新的方式继续传承着《公理日报》爱国爱民、勇敢拼搏、守护公理的精神内涵。

参考文献:

1. 郑振铎:《郑振铎全集》(第二卷),花山文艺出版社1998年版。
2. 郑振铎:《郑振铎全集》(第三卷),花山文艺出版社1998年版。

3. 张云鹄:《时代的声音——"五卅"运动中的几家报纸》,《新闻研究资料》1980年第2期。
4. 上海鲁迅纪念馆编:《郑振铎纪念集》,上海社会科学院出版社2008年版。
5.《揭秘|90多年前,一份仅发行22期的报纸唤醒很多"睡梦"中的国人》,新民晚报微信公众号,https://mp.weixin.qq.com/s/pMYzeGKncy8IXHwq3OcOAA。
6.【聆听,红色印记】〈公理日报〉编辑部和发行所遗址》,上海静安微信公众号,https://mp.weixin.qq.com/s/fDMEpX27_EhNAfst-JqxCw。

会馆聚革命　风云几十载

在中国革命的发展历程中,宝山路街区留下了许多红色故事与红色印记。百年时光磨损了那些曾经的痕迹,但曾经的记忆依旧清晰。会文路201弄一带,曾是湖州会馆的所在地,历史的硝烟摧毁了这栋建筑本来的光彩,但这栋建筑所承载的故事依然熠熠生辉。

为迎接中国共产党成立100周年,上海市静安区总工会、宝山路街道党工委于2020年11月启动了上海总工会旧址(原湖州会馆)一楼及周边修缮和重新布展相关工作,这个位于宝山路会文路的红色遗址在经历沧桑之后得到了进一步的修缮。建筑无声,但回顾中国革命历史后我们得知,这座被称为"湖州会馆"的建筑在20世纪20年代见证了上海工人第三次武装起义的伟大胜利,见证了无数仁人志士在会文路中兴路转角(今会文路155—163号)这一方土地为中华民族之崛起所做出的努力。

时光回到1927年。再次走近这段发生在宝山路的红色历史,我们仍能感受到胸腔中澎湃的热血,仍会向那份勇敢致以崇高的敬意。

武装起义势不可挡

1927年3月21日，北伐军兵临上海，为配合北伐军打击封建军阀势力，周恩来、赵世炎等人组成的中共中央特别军事委员会领导工人们发动了上海工人第三次武装起义。在周恩来等人临危不乱的调动以及工人纠察队队员们英勇无畏的冲锋之下，武装起义势如破竹，很快便攻下了许多军阀力量的驻地。

3月23日，伴随着激烈的枪声，工人纠察队与据守在湖州会馆的奉鲁军阀士兵展开激战，在上海大学、复旦大学、暨南大学学生们的积极配合下，纠察队终于拿下了湖州会馆。

这座会馆建造于20世纪初，在被军阀占据之前，湖州会馆最早是湖州旅沪同乡聚会议事以及养病、停枢的场所。会馆内建筑颇多，进大门后自东向西排列为养疴别墅、大厅和花厅，均系坐北朝南砖木结构五开间的建筑。养疴别墅为有厢房的二层石库门建筑，其余均为江南民间厅堂建筑。馆内各建筑间有走廊相连，结构精致，富有气派。

上海工人第三次武装起义之前，湖州会馆由奉鲁军阀占据，工人纠察队攻下此处之后，上海总工会决定以此作为办公场地，并于24日正式公开办公。其中，养疴别墅作为总工会纠察队特务营驻地，门厅两侧为交通处和传达、收发室，花厅楼上为委员长及各部门办公室，四面厅作为交际部，大厅和花厅楼下作为会议厅。为了防止他人混入，总工会要求在此处办公的人都在胸前佩戴好"上海总工会职员"的标志，并在会馆大门上横悬了红布白字"上海总工会"巨大条幅，还安排工人纠察队员全副武装分立在会馆门前两侧，检查进出人员的证件和标志。上海总工会的入驻吸引了全上海的目光，一大批革命志士纷纷汇聚馆内商讨革命事宜，很快，湖州会馆就成为大革命时期的上海工人运动中心。

承载历史记忆　书写时代传奇

上海工人第三次武装起义获得胜利,工人们共同欢庆,进驻湖州会馆办公的上海总工会迅速在报刊上发表了两则《紧急启事》。第一则启事向全体市民公布了起义胜利的好消息,并号召上海八十万工友和全市人民一致实行复工,拥护临时市民政府,恢复上海的秩序。第二则启事则宣布上海总工会"自即日起闸北湖州会馆暂行正式公开办公"。考虑到报纸所载内容有限,为了让这个好消息被更多人听到,上海总工会决定在3月25日这一天举行新闻记者招待会,向报界代表们报告起义的经过和意义。

到了这一天,湖州会馆的茶厅内人头攒动,对于这场刚刚在上海发生的人事,很多人只知晓其中一部分,他们一边分享着起义胜利的喜悦,一边又在好奇这场伟大的胜利究竟是如何取得的。在招待会上代表上海总工会发言的是时任江浙区委负责人的赵世炎,他与周恩来都是这一次工人运动的主要领导者。无论是工人、学生、商人们参与罢工的具体情况,还是周恩来在攻克东方图书馆时采取的"围而不攻"策略,抑或是对北站发动总攻时纠察队员们的果敢坚决,赵世炎都侃侃而谈。我们虽然没有办法回到这场招待会的现场一睹其风采,但我们知道,做报告时的赵世炎一定眼里带着光,带着对革命事业无限的期望。

新闻招待会结束之后,与会记者们快马加鞭,各大报社纷纷在头版头条报道了这则消息,很快,工人武装起义的壮举为上海各界知晓,引起社会强烈反响。上海工人们依靠自己的武装力量将横行霸道的封建军阀赶出了上海,这是多么振奋人心的事!上海总工会还先后发布了《告上海民众》《告世界工人书》等,向上海市民乃至全世界工人们分享了这一消息,进一步激发了上海工人们的革命斗志。

新闻招待会的两天后,湖州会馆里又发生了一件大事。1927年3月

27日,上海总工会在大厅举行上海市工人代表大会。为了更好地巩固工人武装起义的胜利果实,300多个团体代表齐聚湖州会馆,在汪寿华的组织下召开了一场规模空前的工人代表大会。在会议上,汪寿华回顾了第三次武装起义的英雄事迹,工人们也愈发明白这次起义的胜利如何可贵。为了继续推动革命事业的发展,将革命进行到底,汪寿华还在会议上向代表们介绍了上海总工会接下来将努力的方向,包含"收回租界""肃清一切反动派""工人武装自卫""改善工人生活"等17项任务,得到了与会代表们的一致认可。为了更好地领导上海总工会,这次会议还选举出了汪寿华、龙大道、郑复他等40人为总工会执行委员,汪寿华连任委员长。

湖州会馆除了作为上海总工会的办公处,也曾是中共上海区委的办公地,召开过由陈独秀、罗亦农主持的全市活动分子大会,也召开过一些产业工会的筹备会议和成立大会。到1927年3月底,上海总工会领导的工会组织高达502个,会员达到82万人,湖州会馆俨然成了当时上海工人阶级的革命指挥中心。

群众英勇无惧　烈士血溅街头

湖州会馆成为上海总工会的办公场所之后,上海工人运动也进入一个新阶段,但作为当时上海工人运动的中心,湖州会馆很快也成为反动派们眼中的一颗"钉子"。

1927年4月12日,蒋介石发动反革命政变,对上海的大批革命志士痛下杀手,革命形势瞬间变得扑朔迷离。这一日凌晨4时,60多个流氓突然袭击湖州会馆总工会会所,工人纠察队员们拿起武器予以还击,成功将流氓击退。但流氓们似乎早有准备,在被击退后竟然又发动了第二次进攻。正在此时,会馆前出现了一群国民党士兵,他们将流氓当场制服并收缴了武器。不知蒋介石阴谋的纠察队员们见状,以为是北伐军来帮助工人,便放下防备,还邀请国民党士兵进入馆内,打算以礼相待。然而国民党军队突然翻脸,大量国民党士兵持械冲入馆内,以处理"工人内讧"为借口,骗缴了工人纠察队队员的枪械,还将纠察队队员和总工会办事人员粗暴地赶了出去,强占了湖州会馆。

这一无耻行径遭到广大进步民众的反对。当天上午,数万名工人群众在青云路广场集合进行游行示威,并前往湖州会馆,徒手从反动派手中夺回了会馆。为了保护会馆不被再次侵占,这些工人群众毅然决然地选择露宿在湖州会馆的天井中。

工人群众维护上海总工会和保护革命成果的决心令人敬佩,但蒋介石政府为了权力无视民意,对游行进行武力镇压。4月13日,上海总工会召开工人大会,对蒋介石这一违背革命初衷的行为提出抗议,工人和学生们群情激愤,游行示威队伍不断壮大。然而蒋介石丝毫不为所动,国民党军队甚至在游行队伍到达宝山路三德里附近时悍然开火。百余名无辜群众失去了宝贵的生命,在此中受伤的更是不计其数。之后,国民党士兵又大肆抓捕工人群众,游行示威被残暴镇压,蒋介石军队凭借武力再次占领湖州会馆,上海总工会也被迫转入地下,上海工人运动遭受重大打击。

革命记忆永远铭刻

如今我们只能通过还原的湖州会馆模型一睹其全貌,因为它终究还是没能逃过战火的摧残。在1932年"一·二八"淞沪抗战中,侵华日军对宝山路进行了无情轰炸。湖州会馆被炮火炸毁,只剩下了西首的部分房屋残破地立在那里,无声地控诉着战争的残酷。

湖州会馆承载了上海工人第三次武装起义的珍贵记忆,也见证了一大批爱国人士为中国革命所做出的英勇牺牲,值得后人永远铭记。为此,上海人民政府于1977年12月7日公布湖州会馆旧址为上海市纪念地点。

2008年6月12日，上海市文物管理委员会设立了"上海总工会旧址——湖州会馆纪念"地标。

湖州会馆旧址坐落在素有"红色宝山"之称的宝山路上，宝山路街道对于辖区内的红色遗迹极为重视，一直在积极开发湖州会馆这一红色遗址。如今，宝山路街道正在以湖州会馆群团中心为阵地，全力打造宝山路街道红色初心阵地，进一步挖掘、保护、利用好工人运动遗址资源，让红色文化得以传承和发扬光大。

根据"修旧如旧复原会馆历史场景，打造活的博物馆"的工作要求，2020年上海市静安区总工会、宝山路街道共同启动对湖州会馆二楼的修缮工作，以"党建带工建、党建促共建、共建促共治"的原则探索创新、优化服务，进一步发挥湖州会馆二楼作为宝山路街道群团服务中心的平台作用。

参考文献：

1. 《红色的力量：汪寿华，甘洒热血写春秋》，浙江日报官方账号，https://baijiahao.baidu.com/s?id=1634849318819250792&wfr=spider&for=pc。
2. 《【聆听，红色印记】上海工人第三次武装起义湖州会馆指挥部遗址》，上海静安微信公众号，https://mp.weixin.qq.com/s/m9FtztF809NIvwqbmJ_f5Q。

呼百姓疾苦　为平民争权

1927年5月11日，疲惫不堪的糜文浩身上已经没有完好的地方，监狱里连着几天的折磨让他看起来已经不像一个20多岁的青年，从狱卒们的话里，他听到了"刑场"两个字，他知道自己即将面对死亡。但糜文浩没有感到恐惧，他一言不发，眼神坚定，双眼在黑暗中依旧闪烁着不灭的亮光。

几天前，他正在给《青天白日报》校阅稿件，脑子里正想着如何给手中的文稿润色时，提前埋伏好的英国巡捕突然破门而入给他戴上了镣铐。被逮捕之后，他又被移交给了国民党政府军法处，国民党当局企图从糜文浩的口中套取共产党的信息。从被抓时起，糜文浩就知道自己几乎没有活下去的可能，面对酷刑他一言不发，扛住了国民党的所有压力，此时的他仍满怀着对党的忠诚和对信仰的坚持，也满怀着对未完成的"为平民争人权"的遗憾与无尽期许。

应势而生　为民争权

《青天白日报》是《平民日报》的化名，糜文浩正是这份报纸的编辑部主任。1927年初正值北伐战争时期,盘踞浙、闽、苏、皖、赣五省的军阀孙传芳企图勾结帝国主义负隅顽抗,上海革命形势愈发严峻。为了配合筹备上海工人第三次武装起义,更好地表达群众对于人权的诉求,中共上海区委、中共江苏省委主办编印的上海总工会机关报《平民日报》创刊发行。会文路201弄一带原是湖州会馆所在地,1927年2月至4月间,《平民日报》发行所就设置在这里。

糜文浩一直都清晰地记得两个多月前他们初到会文路201弄一带的湖州会馆内《平民日报》发行所时的情景:由于具有书报分配科工作经验,时任中共上海区委(江浙区委)宣传部分配局负责人的张人亚(原名张静泉)被委任为发行人,糜文浩与高语罕、郑超麟则为主要编辑,大家各自负责着各自的工作,共同为了一个方向努力着。后来,张人亚又动员了他的弟弟张静茂(改名为张矜平)参与《平民日报》的相关工作。为了共同的理想与抱负,这一群青年相聚在一起,意气风发,激昂奋进,用激情和热血承载组织的信任与自我对平民人权的追求,竭尽全力为这份革命事业而奋斗。

《平民日报》创立时将上海工人、市民、商民作为主要读者,在2月27日的创刊号上有这样一句话:"为我平民争人权,为我平民发挥苦痛的呼声并集中革命的意志。"这便是这份报纸的宗旨。在军阀和帝国主义侵略者横行的年代,人权对于大多数人来说是极为遥远的,因此,秉承"为平民争人权"这一宗旨的《平民日报》很快就以其特色引起了关注。

《平民日报》具有非常鲜明的时代特色,很好地承担起了上海总工会机关报这一角色。为了扩大自身的影响力,《平民日报》便尝试与《快报》《上总通讯》等报刊一起宣传,还借助《申报》这样的大报为自己"打广告",在《申报》上登载《平民日报启事》,声称"本报代表上海最革命民众的言论,为民众利益而奋斗",吸引了群众的目光。

针砭时弊　掷地有声

为了最大化地发挥报纸的号召力,《平民日报》的文章十分短小精悍,每期大约只有7000字,却有着极大的能量,其报道内容紧贴中国革命之现状。报纸上常常刊登工人运动、北伐形势和国际无产阶级声援中国革命运动的消息,勇敢地揭露帝国主义、军阀、国民党右派残害中国人民、破坏革命的罪行,有时还会转载各团体、各界民众拥护上海特别市临时市政府的通电和文告。版面两侧常常刊登旗帜鲜明、鼓动性很强的标语口号,还经常刊登漫画,用生动有趣的表达方式来吸引读者。

我们现在仍能通过一些珍贵的资料一睹《平民日报》的风采,发行于1927年4月10日的第四十三期就可以作为一个代表。打开这份报纸,映入眼帘的便是第一版版面左侧的"拥护上海市民代表政府"几个大字。作为上海总工会的机关报,《平民日报》毫不避讳地表达观点,希望通过这种直接有力的方式引起读者们的共鸣。这一版中还有《汉口日兵空前之大屠杀》《印度武装革命未成》等报道,不仅谈到了当时国内的革命情况,还向读者们讲解了国际上的革命形势。《汉口日兵空前之大屠杀》中指出日本水兵登岸时开枪扫射,导致20余人死亡、数百人受伤,这一暴行激起公愤。除了揭露这一事实,还刊登了武汉码头工会、国闻社等对于这一事件的报道。

《平民日报》版面清晰简洁,主题明确,以鲜明的旗帜感染着每一位读者,充满着革命的斗志,为上海总工会勇敢发声,影响力也在不断扩大。

遭遇查封　战斗不息

1927年3月25日,上海工人第三次武装起义取得胜利,群众的革命热情愈发高涨，《平民日报》的关注度也不断上升，愈发印证着张人亚、糜文浩等人的工作是卓有成效的。然而，《平民日报》的疾呼同样引起了租界当局的忌惮，租界很快便发布了禁售令，认为该报"言辞激烈、扰乱租界治安"，下令各捕房对其进行查禁，虹口捕房还于4月6日逮捕了程新甫等三名报贩。张人亚等人意识到《平民日报》即将面临更加严峻的发行环境，他们自己的人身安全也很难得到保障，但他们丝毫没有退缩，仍然坚守着自己的职责。

然而，《平民日报》面临最大的考验来自四一二反革命政变之后的蒋介石政府。1927年4月，蒋介石悍然发动反革命政变，对共产党员等革命志士大肆逮捕并残忍屠杀，侵占了工人运动的据地，对处在发展期的中国革命力量造成了巨大打击。

作为上海总工会机关报，《平民日报》自然被蒋介石政府盯上。为了相关人员的安全，张人亚、糜文浩等人撤离了发行所，留下张静茂一人继续在会文路上的发行所内处理后续事务。但《平民日报》终究没能逃过国民党反动派的魔爪，4月14日，国民党当局查封《平民日报》，留守的张静茂被捕入狱。张人亚得知这一消息后十分着急，但考虑到自身身份的特殊性，如果亲自出面可能会给两人都带来祸端，他只好辗转托人将张静茂保释出来，两人之后还一度失去了联系。

由于受到国民党反动派的针对，《平民日报》无法继续正常发行。为了继续坚持"为平民争权"的宗旨，《平民日报》被迫转入地下，还改成了《繁华世界》《青天白日报》等名字继续秘密散发。但国民党并没有放松对共产党员的搜寻和抓捕，一直联合帝国主义侵略者企图扼杀共产党革命力量。

不畏强权　英勇就义

1927年5月8日，糜文浩被英国巡捕逮捕，之后被移交给了国民党当局。国民党当局为了从他口中套取机密,对他实施了残忍的酷刑逼问。被捕后的糜文浩始终保持着对党的忠诚与信仰,他的脑海中一直回荡着"为平民争人权"这句话,他钢铁般的意志不曾有丝毫的动摇,回顾自己踏上这条光荣之路的经历,无悔于自己内心那份最初的"冲动"。

1922年,糜文浩与他的兄长糜文溶等人发起组织青城导社,编写出版《青城导报》以抨击社会的不公之处,讴歌革命,具有很强的进步精神。1923年秋,糜文浩接受党组织的安排进入当时的红色学府上海大学学习,他在学校里加入了中国孤星社,还担任《孤星》旬刊的理事与编辑,和志同道合的同学们一起思考、一起呐喊,这种执着也成为他后来参与《平民日报》编辑工作的动力。可以说"为平民争人权"正是糜文浩一直在坚持的,这些场景在他脑海中不断涌现,伤痕累累的他逐渐忘记了疼痛。他将勇敢地为这份使命献出自己的生命,他不后悔,因为他深知自己做的事是伟大的!

在被移交给国民党之前,糜文浩被英国巡捕关押在静安寺巡捕房,他的妻子王彩贞得知他被捕的消息后,以寻找肇事醉汉为由立刻赶到巡捕房查看情况。糜文浩看到妻子大喊"贞妹!贞妹!",然而两人还未来得及交谈,王彩贞便被巡捕用枪托赶了出去,两人眼中含泪却不得相见。被捕的第二天,糜文浩就被引渡到了枫林桥南面平江路的军法处和警备司令部。在狱中他遇到了一位由于非政治原因被抓的无锡同乡,名叫冯梦阳。糜文浩已知自己生还无望,便与冯梦阳说道:"看来,我很难生还。你如有机会出去,请转告我家人:我妻若生男,可取名'枫林';若生女,则取名'飘云'。""枫林"指的是自己将死之处,望儿子记住父亲之死,日后仍能投身于革命;"飘云"或许是希望女儿日后能如白云般美好,自由自在。

5月11日下午,糜文浩被压赴枫林桥刑场,英勇就义。糜文浩面对屠刀毫不畏惧,他这种为了全中国人民的人权勇敢呐喊、不惧生死的精神,也铸就了《平民日报》的不朽。

  《平民日报》存在的时间并不长,现可见到的最后一期为第 78 期(1927 年 5 月 30 日),但其所呼唤的精神却是永远闪耀的。中共一大会址纪念馆现在仍保留着《平民日报》的部分刊号,它最初的发行所会文路 201 弄一带则成为居民区。张人亚、糜文浩以及千万革命志士所呼唤的"为人民争人权"已经不再是口号,如今的宝山路街道人民生活幸福美满,各项合法权益都得到了很好的保障,人权得到了充分的尊重,先辈们的付出得到了最好的回报。

参考文献:

1. 《【聆听,红色印记】〈平民日报〉发行所遗址》,上海静安微信公众号,https://mp.weixin.qq.com/s/dUGCf20OOFPS5STEuCLBiw。
2. 中华人民共和国民政部编:《中华著名烈士》(第三卷),中央文献出版社 2000 年版。

百折仍心坚　起义藏书楼

在位于上海市静安区宝山路584号的市北职业高级中学的校园里，一块刻有"上海市工人纠察队总指挥部旧址"字样的纪念碑静静矗立。这里原为建于1924年的东方图书馆，是商务印书馆收藏珍贵古籍和外国新书的场所，在1932年"一·二八"淞沪抗战中不幸毁于战火。

虽然属于这里的历史痕迹已经完全消失，但这块纪念石碑的静候坚守仿佛又将我们拉回到90多年前那些峥嵘岁月之中，它以静默的方式讲述着宝山路的红色过往。

顺应革命　上海工人再起义

1927年2月，上海工人第二次武装起义失败，封建军阀举起大刀对准了希望获取正当权益的工厂工人，工人们遭受残忍暴行，上海革命局势愈发严峻。到3月中旬，北伐军向苏州、常州和松江进军，对上海形成了包围之势。为了顺应北伐形势推翻封建军阀的统治，建立上海人民自己的政府，中共中央和上海区委联席会议吸取第二次武装起义失败的教训，决定建立特别军事委员会来领导上海工人第三次武装起义，周恩来被任命为特别军委书记,与江浙区委负责人赵世炎等同志共同领导这次起义。

经过前期的准备和动员,1927年3月21日,北伐军前锋到达上海近郊龙华附近,中共中央认为时机已经成熟,果断做出了全面举行第三次武装起义的决定。21日上午上海总工会发布同盟罢工令之后,上海工人开始罢工,学生们罢课,商人们罢市,起义之风席卷整个上海,武装起义也正式拉开序幕。

这次起义的武装主力军是由上海产业工人组建的工人纠察队,在罢工浪潮涌动之时,配备好装备的各路纠察队向驻扎在上海的军阀势力发起了进攻。有了统一的指挥,纠察队的攻势迅速瓦解了虹口、浦东、沪东、沪西等地区的军阀武装,直鲁联军重兵把守的闸北成了最终的战场。

此时闸北还剩敌军的三个主要据点:东方图书馆、天通庵车站和北站。敌军头目毕庶澄盘踞于北站,在时称"远东第一图书馆"的上海东方图书馆处设有防线阻挠纠察队前进。若想拿下总攻,工人纠察队必然要夺取东方图书馆。

轰轰烈烈 起义之势不可挡

当时的东方图书馆是军阀张宗昌的主力毕庶澄第八军的军需所在地,虽然仅有一个排的兵力,但弹药十分充足,加上东方图书馆是一座钢筋水泥修筑的大厦,十分坚固,易守难攻,成了工人纠察队的一个大麻烦。

敌军凭借地理高点及火力优势,多次击退纠察队的冲锋,纠察队队员们都非常着急,只能想其他办法。这时,有人提议"干脆一把火烧掉房子"逼迫敌人投降,这一方式确实省事,然而若是真正实施,馆内的图书也将化为灰烬。坐镇前线指挥的周恩来听闻此事迅速前来制止了这一提议,他认为那里面的书都是宝贝,要是烧光了,无法向江东父老交代。周恩来的话让队员们打消了"火攻"的念头。在冷静分析之后,周恩来最终决定对守馆敌军实施"围而不打"的战术,用步枪组成火力网封锁敌军的大门,但不直接发起进攻,通过不断的封锁施压瓦解敌军的内心防线,让他们自己投降,同时还能极大减少纠察队的伤亡。同时,为了保护通行的安全,纠察队在东方图书馆东边的马路旁挖了一条100多米的交通壕,掩护纠察队队员和居民们的安全来往。

采用"围而不打"的战术之后,纠察队写了一封劝降书,通过石块扔进楼内,但敌军仗着还有弹药拒不投降,把劝降书扔了回来。周恩来明白敌人的抵抗只是暂时的,他继续指挥纠察队队员们耐住性子,静等敌军投降。

两边的僵持一直持续到了22日下午,没有援军的守馆敌军意识到再守下去也毫无意义,军心涣散。一些士兵率先选择了逃跑,被堵在门外的纠察队队员抓个正着。剩下的敌军也无心再战,选择举白旗投降,纠察队终于拿下了这一块难啃的"战略要点"。

进驻馆内　周总理坐镇指挥

拿下东方图书馆之后,工人纠察队的战线得以往北推进。为了更好地指挥对上海北站的总攻,纠察队的总指挥部也转移到这里,并在二楼阳台栏杆边悬挂了"上海总工会工人纠察队总指挥部"的横幅。周恩来便在东方图书馆指挥对于北站的总攻。

东方图书馆共有五层,底层为流通部、商务同人俱乐部,纠察队总指挥部就设在了这一层。二楼为阅览室、阅报室、办公室,三楼为善本室、装订室及本馆出版图书保存室,四楼为书库,五楼为杂志、报章及照片库。周恩来的冷静处理最大限度地保护了东方图书馆里的珍贵书本。如果真的采取"火攻"的方式,这些图书势必会毁于一旦。

东方图书馆原址就在现在的宝山路584号,而当时的上海北站位置正在如今上海铁路博物馆所在地,两个地方相距不远。周恩来、赵世炎都曾在指挥部内办公,他们时刻关注着前线动向,冷静指挥。面对敌军的激烈反扑,周恩来还冒着枪林弹雨从图书馆赶往前线给纠察队队员们打气,参与修筑工事。队员们纷纷劝周恩来,前线十分危险,希望他能离开,但周恩来毫不畏惧,这给纠察队队员们带来极大鼓舞。

由于驻守北站的敌军达2 000余名,加之他们有大量的轻重火器,纠察队始终难以攻破敌人防线,起义局势一度陷入不利局面。同样关注着前线情况的陈独秀对于纠察队的情况十分担忧,他竭力与位于龙华的北伐军东路军联系,希望北伐军进军上海以支援起义。然而国民党将领白崇禧领导的东路军选择了作壁上观,以"毕庶澄投诚尚有希望"为由而拒绝发兵支援。面对敌人的激烈反抗和援军的按兵不动,陈独秀便打算让纠察队采取"走为上"的策略,即停止进攻,立即撤退。

此时,坐镇东方图书馆的总指挥周恩来听取了总工会交际处处长赵子敬的汇报,了解前线战况的周恩来也十分着急,他清楚敌军的残忍以及火力的强大,但他更清楚这次起义一旦失败对工人革命的打击有多大,必须趁势一举取得胜利,纠察队绝不能撤退!于是,作为总指挥的周恩来指出"我们有信心和决心,凭自己的力量拿下北站"。在随后召开的总指挥部会议上,周恩来给大家分析了一举取得胜利的重要性,他的建议也得到了在场人员的赞同,最终决定在22日下午5点对北站发起总攻。

在周恩来等人的指挥下,总攻在下午5点准时发起,纠察队士气高涨。此时的北伐东路军第一师师长薛岳得知起义情况,不忍心眼睁睁地看着上海工人们接连牺牲,毅然决定带领所属部队进军上海市区。得知情况的北站守军彻底陷入慌乱,头目毕庶澄偷偷逃进租界,敌军守意全无。纠察队一举攻下北站,将红旗插上了北站屋顶,也宣告了上海工人第三次武装起义的胜利。

总攻的胜利印证了周恩来决断的正确性,此时东方图书馆总指挥部内也激动不已。在胜利的欢呼声中,东方图书馆前的空地上搭起了一座高台,工人们聚集在此悼念牺牲的战友。刚刚拿下总攻的纠察队队员们脸上带着一丝疲惫,还有些人身上还带着伤。他们因牺牲的战友而感到万分悲痛,而他们也将继续带着革命的激情和对于自由、平等的向往无畏地战斗下去。工人们聚在一起,为牺牲的勇士们哀悼,而身后的东方图书馆则静静地注视着这些勇敢的工人,一同期待着。

战火无情　图书馆难逃厄运

第三次武装起义之后,位于宝山路的东方图书馆便成为工人纠察队固定的总指挥部,同时也是上海工人第三次武装起义总指挥部。周恩来将图书馆四楼的一个房间作为自己的住所,继续为革命事业艰苦奋斗。然而就在上海人民欢庆起义胜利之时,蒋介石阴谋发动了四一二反革命政变,下令收缴了工人纠察队的武装,并大肆屠杀共产党人和革命群众。4月12日凌晨,东方图书馆工人纠察队总指挥部被国民党反动军队占领。

东方图书馆被国民党反动军队占领之后,馆内一些重要的图书仪器被捣毁,万幸的是其内部的图书资料未受到大的破坏。

然而,这些文化瑰宝最终葬送在了侵华日军的炮火之下,留给后人无尽的遗憾。1932年"一·二八"淞沪抗战中,日军悍然将炮火对准了这座文化宝库。1932年1月29日上午10时许,几架日本轰炸机飞临宝山路上空,朝着商务印书馆投下了6枚炸弹,临近的东方图书馆被战火殃及。翌日上午,日本人更是冲入图书馆内纵火,任由火焰将这一馆的文化瑰宝化为灰烬。漫天的纸灰随风吹散,十里开外的租界里竟然还能看到焦黄的《辞源》《廿四史》等书籍的残页,见者无不垂泪,闻者无不心伤。东方图书馆的创始人张元济更是悲痛欲绝,一些跟着他做古籍整理、校勘工作的年轻编辑到他家里慰问,大家抱头痛哭,何其哀哉!

精神长存　革命之志永不灭

  周恩来的正确决断让东方图书馆在上海工人第三次武装起义中得以保存,但日军持着"烧毁闸北几条街,一年半年就可恢复,把中国最重要的这个文化机关焚毁了,它永远不能恢复"的险恶用心,将商务印书馆和东方图书馆付之一炬,残忍之至令人发指。

  之后,日本军队侵占上海华界,上海的日本居留民团在东方图书馆遗址新建了上海第八日本国民学校。1946年3月,国民政府行政院划拨该校舍给迁校回沪的暨南大学作为临时校址,设文、法两学院。

  上海解放后,人民政府在原址先后开办了闸北工农速成中学、第三师范学校、市幼儿师范学校、风华中学、华东师范大学附属幼儿师范专科学校等。

  1980年8月26日,上海市人民政府公布原东方图书馆旧址(宝山路584号)为上海市纪念地点,"上海市工人纠察队总指挥部"的牌子也屹立于此。

  这座图书馆也承载了上海工人武装起义永恒的记忆,正可谓"百折仍心坚,起义藏书楼"。从涵芬楼到东方图书馆,到工人纠察队总指挥部,再到上海市纪念地点,如今的宝山路584号仍然被红色文化浸润着。而东方图书馆的革命历史也被后人铭记,日军烧毁了文化机关,却永不可能摧毁中华文化以及中华儿女寻求独立自主的决心。

参考文献:

1.《申江惊雷垂青史——回眸上海工人第三次武装起义》,中国共产党新闻网,

http://dangshi.people.com.cn/n1/2017/0323/c85037-29164751.html。
2.《【聆听·红色印记】上海工人第三次武装起义东方图书馆指挥部遗址》,上海静安微信公众号,https://mp.weixin.qq.com/s/HD-ZgkIa2jLAQDFk9F70Tg。
3.《揭秘|东方图书馆:周恩来在此亲自指挥武装起义》,新民晚报微信公众号,https://mp.weixin.qq.com/s/VQG_Fk2bsajZYAVU2cqpCg。
4.《商务印书馆一百年(1897—1997)》,商务印书馆1998年版。

前行
一路砥砺奋进

红色往昔　今朝依旧

铭记红色历史　传承红色基因

不忘初心　砥砺前行

里仁为美　邻里是家

疫情期间　跑出旧改新速度

小小卫生间　浓浓为民情

以法治建社区　依网格护安全

网连千家万户　心系大事小情

居民自治　共享美好

红色往昔　今朝依旧

宝山路，作为新文化与工人运动的重要发生地，见证了近代中国革命的许多重要瞬间。在这里，沈雁冰等人曾用《小说月刊》传播新文学运动；在这里，郑振铎等人曾创办《公理日报》，为争取正义与公理大声疾呼；在这里，周恩来同志曾于东方图书馆内运筹帷幄，为上海工人第三次武装起义的胜利做出关键决断……这些瞬间在宝山路上留下了永垂不朽的革命记忆，赋予了宝山路独特的革命与文化气息，注定着宝山路不平凡的走向与发展。

时光流转至今，红色气息依旧弥漫在这条小小的街道上，红色血脉也依旧在这里的人们身上流淌。在宝山路的各个红色遗址处，街道办事处与社区居民的身影络绎不绝，一次次红色文化宣讲将历史故事带进现实，一张张悬挂的老照片使历史画面重现，一堂堂党课互动让历史事件变得鲜活。

不忘历史，方能砥砺前行。从前的宝山路在革命奋斗中谱写红色篇章，如今的宝山路街道也依旧在积极进行红色文化和品牌项目的建设。街道营商环境办公室依托红色文化遗址，通过一系列精心设计的活动传承红色文化精神，不断创新和发展，一步步塑造"红色宝山"品牌。

打造红色阵地 实现"融合联动"

百年来,宝山路在历史中积淀了众多红色印记。宝山路街道积极利用红色资源,打造红色阵地,形成红色工运和红色人文两大特色。通过"展览+互动""沉浸+学习"的融合联动,宝山路已经成为红色文化传播的重要阵地。

纵观历史我们可以发现,宝山路是一条"革命的伟大壮举之路"。宝山路街道努力发掘和保护辖区内的上海总工会遗址、上海工人第三次武装起义指挥部遗址等工人运动遗址资源。对湖州会馆进行展陈修缮,修旧如旧复原会馆历史场景,通过"一堂党课、一个仪式、一场活动、一条长廊"等活动,带领社区居民体验百年前中国共产党领导的工人运动的可歌可泣的红色历史,重温初心使命,打造活的博物馆。

宝山路也是一条"绚烂的红色人文之路"。宝山路街道新建"红色文

红色宝山体验馆一楼展厅

红色往昔　今朝依旧

"革命热血两兄弟"情景思政课

化体验馆",以茅盾和商务印书馆的历史事件为主线,带领社区居民体验先辈拯救中国的宏伟志向与推动新文化新思想的艰辛不易,突显宝山路新文化运动在上海传播的重要阵地和人文历史。

除了设馆布展之外,宝山路街道办事处还持续不断举办红色文化活动月,将体验红色文化带入居民的日常生活,吸引社区居民共同参与。在红色文化活动月中,积极开展"红色交响"活动,举办精彩纷呈的文艺汇演,推出红色宝山 logo 及文创产品,成立红色宝山文化联盟。积极开展"红色体验"活动,以"红色宝山"为元素开发了帆布袋 DIY、彩绘马克杯、尤克里里 DIY、党徽在闪耀创意植物、面塑等特色活动,将红色文化、海派文化、江南文化融于一体。积极开展"红色回忆"活动,组织居民观看红色电影,带领居民共同回忆先辈筚路蓝缕的革命历史,学习文人大家忧国忧民的思想品质。在"红色文艺"活动中,开展"品读上海红色文化,传承上海红色基因""画说中共三大后的前世今生·风云历程""禾下乘凉梦,稻香见初心"等艺术党课,让居民在感受艺术的过程中感悟红色精神。

传播红色思想　实现"培塑联动"

宝山路街道办事处紧跟新时代党员教育工作要求,致力于用好用活红色资源,不断以自助式、互动式、开放式的教育体系凝聚红色思想,激发创新活力。将红色资源与"四史"学习教育、党史学习教育有机融合,念好"走、演、读、写、讲"五字诀,打造多方位参与的特色党员教育,教育引导全体党员大力发扬红色传统、传承红色基因,赓续共产党人精神血脉。

一是"走"——开发"寻史问迹　红色宝山"互动行走党课。宝山路街道办事处将各个红色遗址连点成线,设计了多条行走路线,带领党员一一重温这条道路上的红色历史。在行走中,带队老师用严谨的数据、翔实的史料、生动的表述向党员们还原发生在宝山路的历史事件场景,与党员们一起边走边学,以真实可感的红色遗址和生动具体的历史故事感染着每一位参与者,激励新时代党员继承与发扬革命先辈的光荣传统,保持积极进取的精神状态和一往无前的奋进姿态。

与此同时,宝山路街道办事处还利用新技术,开发了"寻史问迹　红色宝山"小程序,使参观者每到一个站点都可通过扫描二维码进行线上人文行走"打卡",率先解锁红色遗址图片和简介,参观结束后还可查看"我的打卡点",通过"点亮路线图",生成自己的行走路线,并可一键转发到"朋友圈",吸引更多人一起探索红色宝山路。

在线上与线下的结合中,"寻史问迹　红色宝山"系列红色人文行走党课将人文行走变成一种学习习惯,引导辖区广大党员群众通过深度参与去了解、去发现、去思考、去传承,不断扩大红色宝山的归属感和影响力,为社区创新治理注入不竭动力。

二是"演"——打造党员群众主演的"红色场景"情景党课。宝山路街道办事处充分挖掘宝山路上的红色历史,将故事写进剧本,编排了《难忘1927》《革命热血两兄弟》《天亮了》等情景党课。

红色互动微剧《天亮了》

2020年初,一场突如其来的新冠肺炎疫情使原本红红火火的社区文化活动遭遇了寒冬,《天亮了》的剧本就是在这场寒冬中孕育诞生的。《天亮了》这一红色微剧以真实的历史事件为主要内容,采用情景剧和朗诵相交的形式,情景再现《公理日报》创办的缘由及历史故事。

这部剧的所有演员都是在社区招募中产生的,参演者因为对表演和红色文化的热爱走到了一起。虽然他们都是业余演员,但他们的热情和敬业精神并不逊色于专业演员。他们在排练中不断追求完美,将自己代入那个革命的历史大潮中去思考、去行动。

饰演茅盾的演员在参演后说:"当你扮演某个历史人物角色时,会有一种强烈的身份代入感、时代穿透感、价值认同感,不仅情绪被感染、心灵被洗涤、'三观'被校正,理想信念也更加坚定了。"

在参演者们全身心的投入下,《天亮了》将互动式发挥到了极致,同时也是一种情景式、体验式的沉浸式教学。在剧中,小报童会请你买一份《公理日报》,革命群众还会邀请你一起参与工人大罢工。表演者们的热情传递给了观众,微剧展现出了大格局。这是一堂"零距离"的沉浸式党课,演员们和导演精益求精、动心动情地演绎,努力追求"别样的党课魅力",把耳熟能详的红色经典故事用全新的表现方式呈现出来,使党课更容易入耳入脑入心。

三是"读"——开展"红色经典"诵读活动。宝山路街道办事处组织社区居民积极参与"遇见五月·声情飞扬"等红色经典诵读活动,以中华红色经典诗文、宝山路街道本土红色经典文章为主,也有自行创作诵读的文章,通过诵读、阅读红色经典的方式,带领辖区广大党员群众一起走进红色宝山路,深化"四史"学习教育。

红色经典诵读活动以声情并茂的方式,让那些感人至深的故事更加催人泪下,让那些热血革命的记忆更加鼓舞人心,让那些呕心沥血的路程更加发人深省。诵读活动在保护红色历史、发扬红色传统、传承红色基因中,进一步打响红色宝山路的品牌,增强社区广大党员群众的家国意识和爱国情怀,让初心薪火相传,把使命永担在肩。

四是"写"——撰写红色文章书籍。宝山路是上海新文化运动的重要阵地,将这里发生过的可歌可泣的红色故事书写下来,一方面记录保存了这片土地上发生过的光辉历史,另一方面也以写作的方式传承了先辈的文化血脉与传统,以文字与先辈文人进行对话与交流。

与此同时,宝山路街道还在线上和线下推出了《画说宝山路系列连环画册》,至今已经创作了《百年宝山路——宝山路辟通110周年》《浴血淞沪——纪念淞沪抗战》《青云路上的红色学府——上海大学(1922—

1927)《见证历史——湖州会馆与市北公学》《阅读历史记忆——上海工人第三次武装起义》《感悟红色足迹——宝山路上的红色星火》等连环画册,以图文并茂的方式展现这片土地上社会、经济、文化的崛起与演变。

五是"讲"——组建"红色初心"宣讲团。为了让红色品牌活动更加贴近居民们的生活,宝山路街道办事处积极成立"红色初心"宣讲队,宣讲队成员走进社区、企业和学校,倾情讲述红色遗迹背后的故事。

宣传队队员们分工明确,依托各大社区活动,在三曾里、湖州会馆、商务印书馆等遗址处,向社区居民们讲述曾经发生在这里的风云岁月,帮助居民们了解宝山路街道的红色印记。

"红色初心"宣讲团一次次的讲解,让红色遗址变得更加鲜活有趣。每一位居民都在讲解中深入了解了宝山路的红色历史,于熏陶中汲取营养。这些红色遗址背后的故事随着声音与记忆传向远方。

发挥红色合力　实现"双向联动"

宝山路街道办事处积极利用辖区内的各类资源,立足社区治理创新,开展"社企共翼"项目,充分调动区域化党建单位、"两新"组织的社会动员、社会参与能力,实现企业发展、社区治理、区域经济的双向共赢。

在合作过程中,多家企业积极为社区提供服务,各个企业发挥自身领域的特殊优势,尽己所能开展合作和服务项目。驻区单位认领社区微公益项目,不断更新充实"资源清单""需求清单""项目清单";企业积极走进社区,开展周周公益、社区小课堂、帮扶助困等形式多样、内容丰富的公益服务活动;宝山路街道办事处通过整合需求、资源、项目等方式,提升辖区内"校街社企"共建单位的"融合度"。

在企业为社区服务的同时,社区同样也为企业服务,在合作中实现双向联动。宝山路街道形成"党群中心＋企业中心＋邻里中心＋事务中心"

多集群融合服务载体,通过"菁宝e家亲""充能一小时""白领益起行""科学咖啡馆"等载体,各基层党组织活动共办、资源共享、党建共商、事务共管,实现资源、管理、服务精准聚合,构建党建引领区域力量深度参与社区治理的新格局。

一是开展"菁宝e家亲"活动,结合"两新"白领、在职蓝领群体特点,打造集能力培训、普法课堂、心理疏导、休闲放松于一体的"菁宝"课堂,开展手工课堂、急救技能培训、红色精神分享等活动,实现自身与社区的同步发展。

二是实施"充能一小时"计划,聚焦白领更高层次思想、文化需求,开设精品课程,让提升自我的优秀平台近在咫尺,利用午间一小时实现白领从身心素养到思想认知的充能提振。

三是打造"白领益起行"项目,以"周周公益""四季公益""企业之家"志愿服务为载体,壮大白领志愿者和"两新"党组织队伍,构建"两新"力量深度参与社区治理的良好格局。

红色往昔,今朝依旧。红色宝山路所承载的"红色",不仅仅指代那些在宝山路上发生过的光荣革命历史和如今的红色遗迹,还有宝山路街道上居民们正在经历着的生活。他们用现代的方式传承着优秀的传统文化,传播着激励人心的红色文化。他们在新时代下对生活的热爱、对科学知识的渴求和对更加美好未来的向往,都让这条街道上的红色文化变得鲜活而又真实,随着一代又一代人的成长不断发扬下去。

参考文献:

1.《上海这个街道有24处红色遗址,红色宝山体验馆开馆》,人民网,http://sh.people.com.cn/n2/2021/0529/c134768-34751416.html。

2.《静安区宝山路街道：用活红色资源　推进党史学习教育入脑入心》，上海智慧党建官网，http：//www.shzhdj.sh.cn/djWeb/djweb/web/djweb/newestindex/newinfo.action？articleid＝ff808081788f3977017918f81ab30908。

3.《宝山路街道首部红色文化微剧即将正式上线》，宝山路街道微信公众号，https：//mp.weixin.qq.com/s/XS0wUiHC3rmh-e3Ld3w4Sg。

4.《【迎新盘点系列】重内涵　促发展　亮品牌　有实效》，宝山路街道微信公众号，https：//mp.weixin.qq.com/s/uLEtG4qKHHcndsE2UlUzqw。

5.《喜迎社代会|红色宝山，红色血脉永赓续》，宝山路街道微信公众号，https：//mp.weixin.qq.com/s/-zPhQGNlaSUKcqrBdSAong。

（文中部分素材由宝山路街道直接提供）

铭记红色历史　传承红色基因

在宝山路这片历史悠久的土地上,建于1908年前后的湖州会馆作为地标性建筑之一,见证了宝山路百年来的风云岁月。历史上,这里曾是上海工人第三次武装起义的指挥部。1927年上海工人第三次武装起义胜利后,上海总工会就在这里公开办公。湖州会馆见证了众多历史事件的发生,也承载了中国革命许多的珍贵记忆。

历史风云中的一次壮举,把湖州会馆推到了革命历史的舞台之上。虽然这一建筑饱受战争与风雨的摧残,但如今它在宝山路上依然发挥着重要的作用。宝山路街道党群办依托湖州会馆这一重要的红色资源,将其作为宝山街道党群中心使用,这是少有的设置在总工会遗址之上、至今仍为职工群众服务的机构。在这一历史真实发生的纪念遗址上,宝山路街道党群办以新的方式讲述着宝山路的红色文化与红色故事。

修缮红色遗址

1932年,见证了辉煌革命历史的湖州会馆,在"一·二八"事变的日军炮火中被破坏得面目全非。2020年,上海市静安区总工会、宝山路街道党工委共同启动对遗址的重新布展工作,修缮制作了湖州会馆门头、室内空间,收集整理了相关历史资料,通过多媒体展陈和 12 幅铜版画展示历史场景。一幅幅老照片,展示了红色宝山路的厚重历史,记录了百年工运历史中不能忘却的瞬间。

本着"还原历史,修旧如旧"的原则,静安区总工会、宝山路街道在修缮中复原重建了昔日湖州会馆的标志性正门——牌楼式大门。

20世纪初,湖州商人以湖丝贸易在上海滩占得一片天下,实业家钱信之、沈联芳集资建造了湖州会馆。原湖州会馆占地 20 余亩,大门朝东开在会文路上,守卫了这栋建筑的平安与宁静,见证了无数来往的乡绅与贤达。1927年,工人纠察队胜利夺取湖州会馆后,牌楼大门前列队守卫,牌楼大门上挂起"上海总工会"巨幅会标,这座牌楼式大门亲历了中国历史上的多次风云巨变。

上海工人第三次武装起义指挥部遗址——湖州会馆

在修缮过程中,为还原历史风貌、追溯初心之地,宝山路街道特地考证、复建了湖州会馆的牌楼,重现"青砖黛瓦、挑檐脊兽"的江南园林建筑风韵。红砖拱圈与西洋风的铸铁大门,再现了当时石库门建筑与西方建筑、江南特色与海派特色完美融合的建筑风格。2021年6月16日,修缮后的湖州会馆正式开馆。

走进修缮布展后的湖州会馆,我们可以看到江南风格的厅堂四壁粉墙、花砖铺地,中间高悬"上海总工会"牌匾,这一幕还原了昔日上海总工会夺取湖州会馆公开办公的场景。历史的风云,时空的变幻,浓缩在这小小的空间中。遥想当年,在周恩来、罗亦农、赵世炎、汪寿华等人的领导之下,上海工人势不可挡,工人纠察队先后攻克七大战区,击败军阀势力,胜利夺取湖州会馆。

湖州会馆一楼展厅

在会馆一楼,一张巨幅的老照片映入眼帘,这是 1927 年 3 月 24 日工人纠察队在湖州会馆门口列队、护卫新生的指挥部的历史瞬间。而会馆的墙面上,也以文字记录了上海总工会成立的重要过程,盛赞"上海工人第三次武装起义,是新民主主义革命时期中国工人运动的壮举与最高峰"。

为进一步用好红色资源,传承红色基因,静安区总工会、宝山路街道办事处共同开发《湖州会馆·难忘 1927》情景党课,以会馆介绍、故事聆听、情景互动等方式,带领观众回到 1927 年,感受党领导工人运动波澜壮阔的历史,见证四一二反革命政变的腥风血雨,在党课学习中重温初心使命,赓续红色精神。

星火百年燎原,初心历久弥坚。走进湖州会馆,不仅是重温红色足迹,更是传扬工运先辈的如磐初心和血脉基因,牢记嘱托勇立潮头,劈波斩浪奋进当下,让这一抹穿越百年的红色不断展现新气象新面貌。

讲好红色故事

百年来,风雨变幻的历史大潮在宝山路上留下了众多的红色遗址与红色故事。在宝山路街道辖区范围内,有《向导》《中国青年》《公理日报》等多家报纸的出版发行机构遗址,有上海总工会办公场所、中央四大后中央局机关等遗址,茅盾、叶圣陶、老舍、巴金、胡适等多位文坛巨匠曾经在这里居住和工作。在宝山路街道上成长起来的居民,不仅要传承红色记忆与红色血脉,更要担起传播红色故事的责任与使命,将这片热土上发生的辉煌历史传递给更多的人。为讲好红色故事,宝山路街道办事处积极组织社区居民,带领大家共同为传播宝山路红色历史不断努力。

一是组建"红色初心"宣讲团,开展"红色信念堂"。宝山路街道办事处从机关、社区居民、辖区单位招募党员志愿者团队进行专业培训,培养宝山路街道的"红色文化传承人"。在培训导师沉浸式的讲解下,团队成员一边聆听历史故事,一边学习讲解技巧,深入了解红色宝山路各处遗址的革命故事。在循序渐进中,团队成员从接受者转变成讲解者,将所学转化为所用,成为志愿讲解员,带领其他居民重走历史之路,为他们讲解这条街道上百年来的英烈事迹,表达对红色基因的热爱,激励新一代青年,重温红色记忆,坚定理想信念。

二是成立小巷红领巾"四史"讲解团。宝山路街道在29个少先队社区实践阵地,围绕培育红色基因"接班人"、文明社区"小主人"两大主题开展校外实践活动。打造红色书屋,通过开设红色朗读课堂、小小讲解员培训,培育了一支由少先队员组成的小巷红领巾"四史"讲解团。小巷红领巾"四史"讲解员项目引导少先队员关注红色历史文化,通过专业培训、策划宣讲实践、形成讲解音频、成果产出一系列路径,在帮助学生了解宝山

小巷红领巾"四史"讲解团

路街道红色历史文化的同时,以培养学生讲解员为主要目的,帮助学生成长为历史文化的讲解员,引导学生挖掘宝山路街道的红色故事,并结合相关资源,最终编成宝山路街道红色文化宣讲册。小巷红领巾"四史"讲解员项目为宝山路街道培养了一支以少先队员为主的新时代文明实践队伍,是落实新时代文明实践活动的体现。

三是积极参与红色故事撰写与投稿。要想讲好红色故事,不仅要会说,更要能写。宝山路街道积极挖掘辖区范围内的红色历史故事,在整理史料的基础上进行文学创作,让红色故事更加生动可感,利用更广阔的平台宣扬红色宝山路的历史故事。"学习强国"平台也收录了《走近这片红色热土,感受可歌可泣的革命岁月》《百年宝山路——原来传说中的"精武门"当年可是登报招生,好有派头》等多篇文章,将宝山路红色故事讲给更多人听。宝山路街道还借力上海广播电台专业录制短音频的优势资源,讲述宝山路街道《四一二惨案》《刘少奇与工人运动》《湖州会馆》红色故事,传播红色精神。

建立红色网格

宝山路街道办事处坚持党建网格和治理网格相结合,形成了具有辖区特色的"1433"党建微网格建设成果,即"1张网格地图、4张党群服务清单、党员三亮行动、3个党建联盟"。各个社区在宝山路街道办事处的引领下,根据本社区特色将"1433"党建微网格不断落到实处,实现多方联动。

"1张网格地图",即打造1张网格化党建架构图。会铁居民区以党建为引领,按照组织架构、辖区面积、党员分布等基本情况,优化网格设置。通过建立公示公开制度,在双站点工作人员信息图上清晰标明站点总负责人和各网格负责人的姓名、联系方式等信息,打造"服务连心网",搭建起党员联系服务群众的新平台。组织建立"党建+网格"的社区治理硬核团队,引领驻区单位、"两新"组织、"双结对"单位、物业公司、业委会、特色团队等各方力量,采取清单式管理、项目化推进,形成"全区域统筹、多方面联动、各领域融合"的工作格局。

"4张党群服务清单",即形成党群服务清单、文明实践资源清单、文明实践岗位清单、党群志愿者服务清单。宝昌路600弄居民区着力构建"基础＋特色"两大板块党群服务体系,组织社区特色团队推出形式多样、内容丰富的特色服务,推动党群服务项目清单落地见效;凝聚各方资源,围绕帮困、结对、志愿、授课等主要内容,打造5项文明实践服务项目清单,着力提升居民的幸福感和满意度指数;精细梳理美丽楼组、垃圾分类等美丽家园建设,法律咨询、环保课堂等专业服务,以及家电修理、理发等生活服务,形成"600邻里情"文明实践岗位清单,把破解社区治理中的难点问题作为"我为群众办实事"的重要突破口全力推进;通过组建社区安全巡逻队、便民服务队、姐妹舞蹈队、拳操队、环境护绿队5支志愿者服务团队,提供个性化、差别化的志愿服务,激励动员广大党员群众为建设文明和谐美丽的家园做贡献。

"党员三亮行动",即党员亮身份、亮承诺、亮行动。宝华里居民区党总支通过要求党员佩戴党徽、设立党员责任区、发放党员服务卡等方式,号召党员主动亮明身份,接受群众监督;通过开展多种形式的党史学习教育,党员们根据自身实际情况、专业特长主动认领服务岗位,通过党员带头吸引更多居民群众参与社区服务中来,努力营造睦邻友好和互帮互助的浓厚氛围;通过长信公寓的"怡乐亭"社区自治项目亮行动,践行为民初心,党员们率先垂范,主动为"怡乐亭"工程前期的建设垫资,多次参与建设方案的修订,轮流到项目现场监工,采购并搬运各类建造材料等。

"3个党建联盟",即打造社区物业党建联盟、青年参与社区治理党建联盟、构建红色街区党建联盟。在街道"红色物业"党建基础上,宝山路街道进一步打造社区物业党建联盟,做到党的组织、联盟体系、工作机制3

个健全;政治、思想、文化3个引领;推进业主自治、难题共治、综合整治3项治理;以"青春智慧家"项目为基础,组建"业委会青年议事厅",形成青年参与社区治理党建联盟;构建"街道党工委为核心,7个两新企业党组织、9个驻区单位党组织、5个居民区党组织为单元"的红色街区党建联盟。通过共建红色文化、共育治理骨干、共创精神文明,落实党对基层社会治理的全面领导,有效激发网格化党建内生动能。

宝山路街道党群办充分重视历史留下的珍贵资源,不断以现代技术保护修复红色遗址,让那些历史地标重焕新颜,让那些历史记忆再次重现;努力以自身行动传承弘扬红色故事,让那些历史故事重新走进人们的视野,让那些不灭的精神永远激励一代又一代在这里成长生活的人们。

参考文献:

1. 《湖州会馆——上海总工会遗址、上海工人第三次武装起义指挥部遗址今天正式开馆》,新民晚报官方账号,https://baijiahao.baidu.com/s?id=1702700568321577460&wfr=spider&for=pc。
2. 《【小宝带你看变化】2020年宝山路街道社区党建工作盘点》,宝山路街道微信公众号,https://mp.weixin.qq.com/s/ha0-El3dLmsFZf4WKKvysQ。
3. 《文明实践的平台 服务居民的舞台——宝山路街道新时代文明实践分中心风采展示》,宝山路街道微信公众号,https://mp.weixin.qq.com/s/jwdMrHmuzGpFW9ErcZ6xTQ。
4. 《【初心宝山】睦邻会铁暖民心 聚力聚责启新程——宝山路街道"静·邻一家"党群服务站、新时代文明实践站建设工程全面推进》,宝山路街道微信公众号,https://mp.weixin.qq.com/s/frbsa7JpQHRuVhvFv-SBZg。
5. 《【初心宝山】情系600暖民心 共谋发展续新篇——宝山路街道"静·邻一家"党群服务站、新时代文明实践站建设工程全面推进》,宝山路街道微信公众号,https://mp.weixin.qq.com/s/JxNZPgkm_qzQj-o1SnxS8w。

6.《【初心宝山】砥砺初心同奋斗　乐居和谐宝华里——宝山路街道"静·邻一家"党群服务站、新时代文明实践站建设工程全面推进》,宝山路街道微信公众号,https://mp.weixin.qq.com/s/O2OmjeQ3H7Nqa3kfP9XM3Q。

(文中部分素材由宝山路街道直接提供)

不忘初心　砥砺前行

1923年6月，中国共产党在广州召开了第三次全国代表大会，大会选举陈独秀、蔡和森、毛泽东、罗章龙、谭平山组成中央局。考虑到广州与分散在各地的地方党组织联系不便，于是中共中央决定将中央局迁到上海，中央局机关的地点便选在了三曾里。

作为党中央的中枢机构，中央局在领导党的活动以及推动国共合作的同时，也在用实际行动加强自身建设，严格党内纪律，推动理论发展，为中国革命做出了不可磨灭的贡献。

90多年前，加强自身建设的党建工作就已经在宝山路开展起来，独特的"党建"方式与当时的革命形势密切相关。而现在宝山路街道的党建工作也同样具有鲜明的时代特色，方式多样但初心不变，红色使命一脉相承。

在这片红色土地上，宝山路街道党建办坚持党建引领，结合红色宝山文化资源，立足社区创新治理，着力打造"红色绣花针"特色党建品牌，积极开展各种活动，全方位实现党群阵地服务新升级，以红色革命精神不断坚定新时代党员的内心信仰，以新时代的旋律持续唱响红色经典的宏伟篇章。

漫步红色宝山路

红色初心

在宝山路街道辖区内,一共有26处革命历史遗址。依托这些红色资源,宝山路街道积极开发"红色初心"特色项目,以"寻红色印记""品红色文化""展红色活力"三个主题为线索展开,以多种形式传承宝山路的红色精神。

寻红色印记,即寻访"朗言的宝山"。一方面,党建办通过开设红色遗址微行走路线、打造工人运动策源地等方式,帮助社区广大党员群众了解区域文脉历史,有效增强社区归属感和爱国情怀;另一方面,结合"四史"学习教育,充分挖掘辖区内优秀党员、先进人物事迹以及红色文化资源,开展"时光里的初心"系列主题诵读活动。

在开展活动的过程中,宝山路街道党建办将红色文化与"四史"学习教育有机融合,采取线上线下相结合的方式,注重覆盖面和参与度。线下开发"寻史问迹,红色宝山"微行走路线,线上同步推出了微行走路线打卡的微信小程序,实现了"线下深入行走与线上体验行走"的互动结合。这种以"行走"开展主题党课的新奇方式吸引了辖区内广大党员群众的积极参与,边走边学,既生动有趣又能加深印象。

除了"行",宝山路街道党建办还从"读"与"听"入手,设计了"走进红色宝山,诵读红色经典"专题活动。辖区内机关、居民区、"两新"组织、驻区单位等的基层党组织和广大党员群众踊跃参加,在深化"四史"学习教育的背景下诵读经典,回味传奇。针对青少年群体,党建办开展了"领巾读'四史',红色燃童心"诵读活动,通过教师导读、亲子共读、伙伴合读等方式,帮助学习英雄事迹,缅怀革命先烈,分享成长故事,让他们在交流合作中感知红色文化的魅力,树立正确的价值观,培养爱国主义情怀。

品红色文化，即集聚"思研的宝山"。宝山路街道党建办积极打造红色历史课程，通过选取辖区内湖州会馆、商务印书馆等代表性红色遗址，试点打造"红色宝山历史课堂"，进一步加深社区广大党员群众对红色宝山的理解和认同。

一是组建"红色初心"宣讲团，从机关、社区居民、辖区单位招募党员志愿者团队参加专业培训，宣讲红色遗址故事；搭建小小红领巾"四史"讲解员实践载体，通过专业培训、策划宣讲实践、形成讲解音频、成果产出这一路径，帮助学生成长为历史文化的讲解员，激励新一代"00后"们重温红色记忆，坚定理想信念。

二是打造红色场景微巡演，充分发挥街道党员志愿者、艺术团队、辖区单位的积极作用，以9处代表性红色文化遗址为背景，创造"红色宝山微剧场"，在辖区内进行巡演教育。

三是组织"四史"学习征文活动，在深入学习"四史"与街道本土历史文化的基础上，积极组织开展"四史"学习征文专题活动。辖区内广大党员群众立足本职，就如何坚定理想信念、践行初心使命进行文学创作，在创作中实现以史鉴今、资政育人。

展红色活力，即打造"美颜的宝山"。宝山路街道党建办在推进建设"美丽楼组"的同时致力于推动文明城区建设。在"美丽楼组齐建设"活动中，以楼组为单位积极开展"美丽楼组大讨论"活动。发挥居民区党组织的核心作用，用好"1＋5＋×"居民区治理架构，用活党建指导员队伍，全面推广"红色物业"的经验，实现美丽楼组建设。

"文明城区共行动"则通过共同行动深化区域化党建工作，立足上海市商业特色街——青云路眼镜街，切实发挥党组织在商业特色街中的引领作用，聚焦商街商户、企事业单位、居民区等各方需求，积极创建了"以街道党工委为核心，'两新'企业、驻区单位、居民区等基层党组织为单元"的红色街区党建联盟，切实提高了辖区各方参与文明城区创建的主动性和积极性,实现了红色文化共建、治理骨干共育、精神文明共创,有力推动了美丽城区建设。

90后青春党课讲师团

2019年11月26日,"学习强国"上推送了上海学习平台发布的一篇题为《不忘入党初心　践行青春使命》的文章,宝山路街道"90后青春党课讲师团"登上了热搜报道,6名来自宝山路的青年党员上台分享了他们在新的历史机遇下争做"守初心、担使命"时代青年的成长心得。

随着灯光的亮起,青年党员们迈着自信的步伐走上舞台,他们来自基层的不同岗位,有中学教师,有税务工作者,还有来自宝山路街道各部门的工作人员,他们以属于自己的独特方式展现着青年党员的精神风貌与深刻感悟。

来自街道社区事务受理服务中心的90后青年党员杨静就是此次进行分享的一员,她以雷锋所写的一首诗作为开场白,通过一线窗口工作的所见所感,分享了社区基层工作者在平凡的工作岗位上守住"为民服务"的初心、担起青年党员的光荣使命的心得。

来自上海市第六十中学的叶子老师则将音乐带入党课,通过分享"开学第一课"的经历,感悟作为一名人民教师,不仅需要传播知识,更需要肩负起育人的时代重任,不断加强学生的文化自信与爱国情感。她说:"作为老师,传授知识只是一部分,帮助学生热爱祖国、了解文化、树立自信,才更为重要。"

宝山路街道的这6位青年党员,都是来自"90后青春党课讲师团"的成员,这个讲师团的推出正是基于宝山路街道党建办对于现在社会发展趋势以及辖区内实际情况的充分考虑。近年来,宝山区街道辖区内90

后、95后青年群体呈快速增长趋势,青年群体的教育培训成了当前教育培训的新课题。

通过座谈、调研发现,新时代青年群体比以往任何一代人都有着更鲜明的政治态度和更为成熟理性的正向思考,但缺乏明确的主流思想交流平台。针对这一问题,宝山路街道党建办决定依托社区党校,积极打造"90后青春党课讲师团",通过从"听我讲"到"我来讲"的转变,实现青年群体的教育培训和自我提升。

新时代的党课应该怎么上?怎样炼成一堂鲜活生动的党课?宝山路街道党建办结合实际,探索出一条党课新思路。"90后青春党课讲师团"一经推出便得到了90后党员的积极响应,现在已经开放完成了《当90后遇上马克思》《90后小巷总理初体验——社区教我的三堂课》《"爱岗为民"——一个90后社区基层党员的"初心"》等青春党课,俨然成了广受欢迎的"明星团队"。

在这样的党课里,有更加贴近时代与潮流的方式、语言、题材,生动活泼的互动交流,有与时俱进的视听体验,有火花四溅的思想碰撞,"高大上"的理论知识不再艰深难懂,有效地帮助青年党员构建理论自觉,提升思辨能力,找到精神共鸣,树立理想信念。

抗疫"红色城墙"

面对突然袭来的新冠肺炎疫情,宝山路街道党建步履依旧不停。在疫情面前,宝山路街道各居民区的党总支充分发挥基层党组织战斗堡垒作用和党员先锋模范作用,率领广大党员充分发扬不畏艰险、勇于担当的精神,第一时间组建了"疫情防控党员突击队"。

在疫情防控中,各党支部以小区为据点,带领志愿者团队一同参与小区站岗值守,对进出人员认真进行信息核实、测温、登记工作;定时对楼道、电梯、门禁等公共位置开展消毒工作;制定隔离期"一人一户"的监督方案,确保防疫工作不留余地、不留死角。

病毒无情,人间有情。面对新冠肺炎疫情的威胁,宝山路街道的党员同志们冲在第一线,以日夜辛劳守护一方平安,以热心服务温暖一方天地。

止园居民区原党总支书记宋素萍,是一名有着35年党龄的老党员,虽已退休多年,却始终对居民区的工作充满牵挂。面对居民区疫情防控繁重的任务量,她毅然返回曾经的工作岗位,尽心尽责将关爱传递到每家每户。口罩预约登记期间,她每天早早地来到居委会,协助居委干部们维持现场秩序,做好预约登记。"戴好口罩!不要急!依次排队!有效证件拿手上!回家请洗手,没事不出门!"短短几天时间里,宋素萍同志重复了数千遍。在这场没有硝烟的战"疫"中,她与居委干部携手共进、冲锋在前,守护着社区群众的生命健康安全。

风云变幻几十载,如今的宝山路街道,继承了先辈的革命事业与精神,积极塑造"红色宝山"党建品牌,利用互联网平台等现代化方式铭记红色历史,结合社区现状推进党群共建,为人民服务,不忘初心、牢记使命,带动青年党员们参与党建活动,用实际行动和自我感悟践行职责和使命,不断学习,汲取营养,为党的建设注入鲜活的青春力量。

参考文献:

1. 《【不忘初心 牢记使命】不忘入党初心 践行青春使命——宝山路街道青春党课专场活动》,宝山路街道微信公众号,https://mp.weixin.qq.com/s/leF_AYd57JE5fpnHFPmWLg。
2. 《【"疫"线党建】我们在"疫"线,"止"为守护你——止园居民区党总支战"疫"纪实》,宝山路街道微信公众号,https://mp.weixin.qq.com/s/tGAdIvDO88pwVt7XQXw56A。
3. 《【小宝带你看变化】2020年宝山路街道社区党建工作盘点》,宝山路街道微信公众号,https://mp.weixin.qq.com/s/ha0-El3dLmsFZf4WKKvysQ。

(文中部分素材由宝山路街道直接提供)

里仁为美　邻里是家

在三德里的弄堂间,一段段革命友谊成为佳话;在上海总工会遗址中,一个个奔走的身影热血激荡;在上海大学旧址里,一份份师生情谊铸就了栋梁……革命历史所传递出的温度与关怀将这条街道浸染。时至今日,宝山路街道仍以独特的方式展现着社区友谊与邻里温暖。

2020年8月26日,宝山路街道打造的"邻里家"开始正式运行,其位于静安区青云路318号,占地面积1400平方米。邻里家融合各类社区公共服务资源,面向各类服务群体,设立了友邻健康站、亲邻成长吧、吾家咖啡馆等活动空间,既有针对全体居民的健康、文化、生活服务,也有针对残疾人、老年人、就业群体、青少年等的个性化服务,为居民提供精准有效的服务和管理,打造社区居民的第二个家。

邻里家通过政府搭建服务和管理平台,以公益的形式吸纳和融合社区与市场的各类生活服务资源。红十字生命体验活动、读书沙龙活动、心理咨询活动、亲子教育、"听"电影、"黑暗音乐会"、志愿精神的传播、非遗文化传承等各类活动和服务的开展,满足了社区居民多元化的公共服务需求,使社区居民能共享家门口的"服务圈",也让"邻里家"成为街道一张亮丽的名片。

宝山路街道邻里家

公益温暖　用心感应

午后的阳光穿过玻璃，暖暖地照进邻里家一楼的吾家咖啡馆里，一幅用咖啡豆精心拼成的世界地图挂在店内的白墙上，空气中也氤氲着淡淡的咖啡香味。环境宽敞明亮，服务周到细心，刚刚开业不久，这里便成了社区居民们三五好友聚会的地方，他们或是谈天说地，或是看书学习，吾家咖啡馆为居民提供了一个邻里互动的场所，让一墙之隔不再成为距离，吾家咖啡馆的出现为宝山路又增添了一份舒适与温馨。

吾家咖啡馆的温暖所触及的不仅仅是顾客，在店里的咖啡点单处，还有一份风景独属于这里。

在点单处的吧台上，一个特殊的牌子吸引着顾客们的注意——"听不见您说话，但可以用心为您做一杯好咖啡"。在工作台上，为顾客制作精致咖啡的是一位位听障咖啡师，这群"静默咖啡师"用心服务着世界。点单的顾客们跟随着指示牌的指引，用手语比画出自己想要的咖啡。在嘈杂的世界里，所有人用手与心完成了一次无声的交流，传递着温暖与善意。

吾家咖啡馆不仅仅是一个给居民们聚会、喝咖啡的社区客厅，同时也是一个为残疾人提供就业实训的基地。这个实训基地根据咖啡馆现有岗位的要求，为残疾人等群体匹配合适岗位，吸纳残疾人作为公益咖啡馆的员工，凸显社会融合性。此外，这里提供收银员、服务员、咖啡师、西点师等就业培训服务，并提供实训岗位，提升残疾人的社会适应能力，为残障人士就业提供一个舒适、平等、宽容的平台和环境，让他们提升自我价值，更好地融入社会。

无声世界给"静默咖啡师"带来了更多的心灵沉静，他们调制咖啡的双手仿佛有了魔力一般，白色奶泡缓缓注入咖啡之中，精致的拉花图案浮出表面，动作优美流畅，咖啡香气浓郁。听障咖啡师拥有精湛的咖啡制作和拉花技艺，通过他们，吾家咖啡馆向全社会展现了残疾人的能力和价值，应该去除以往的老观念，摘掉对残疾人的有色眼镜，给予残疾人更多机会。

因此，吾家咖啡馆以现有听障咖啡师为资源，推出静默咖啡师培训课程，让更多的听障人士拥有一技之长，实现就业。吾家咖啡馆还联合中国咖啡联盟和残联组织学员参加残疾人咖啡拉花、手冲大赛，提升静默咖啡师课程的实效和影响力。

在邻里家，听障人士不是公益关爱的唯一残疾人群体。为了能让公

静默咖啡师培训课程

益的力量覆盖更多的人,邻里家开设了"邻听放映厅",运用先进的技术对普通电影进行重新剪辑,增加大量配音解说,把场景的转换、人物的穿着打扮和动作等视觉形象转化为声音传递给观众,让视障人士观影成为现实,帮助视障人士感受更为广阔的世界。邻里家考虑到视障人士的文化娱乐需求,定期为社区视障群体安排电影专场,打造残障人士友好社区。在这里,大家一起"看"电影,一起"观"世界,让黑暗的世界不再孤寂与单调,让不同群体都融入这个温暖的大家庭。

在这一片服务与公益相结合的温馨之地,善意和尊重被互相传递,邻里家给予了人们更多家的舒适温暖,也让更多的人找寻到自身的社会价值与意义。

关注健康　护航随行

邻里家以诚挚的关怀温暖着社区内的每一位居民,不仅致力于打造温馨和睦的邻里氛围,更关注每一位居民的健康状况。在邻里家的一楼,友邻健康站成为居民健康生活的资源库,为居民在家门口进行日常健康监测提供了便利。

友邻健康站设置在邻里家进门的显眼位置,该区域整合健康智慧小屋功能,通过对居民进行健康检测、体能测试、健康管理,邀请三级医院专家每周坐诊,开办主题健康沙龙活动、舞蹈与健康特色课程等,关注各年龄段不同群体的身体健康,强调治未病、预防优先,治疗与调理双管齐下,号召社区居民养成更加健康的生活方式。

健康站配备了全套的健康检测设备和体能检测设备,居民们不出社区便可掌握自己的健康动态。这里的所有设备均可独立使用,刷证件便

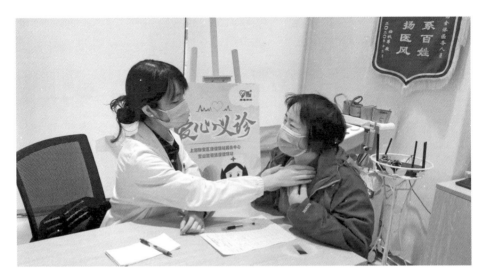

邻里家内设友邻健康站

可自助服务，时间灵活，便捷高效，同时工作人员也会现场维持秩序，分散并指导做健康检测的居民，避免出现拥挤的情况。居民们在这里可以完成身高、体重、血糖、肺功能、血压、骨密度、心电图、动脉硬化、中医体质评估等一系列常规检查，还可进行体脂、肺活量、握力、坐位体前屈、亚健康测试等日常体质监测。

在设备给出数据的同时，邻里家还专门聘请了中心健康咨询医师、营养师、体育指导员等专业人士，根据检查监测数据提出健康建议、开出合理膳食菜单及运动处方，为需要到医院进一步诊疗的居民提供导诊服务，及时发现每一个疾病信号，实现疾病预防、发现、治疗关口前移。

友邻健康站每周都会组织周边三甲医院的知名专家到社区开设义诊咨询，为居民传授防病知识，就健康方面的问题答疑解惑。每到这一天，友邻健康站都会变得格外热闹，居民不用排队便可享受到"大医院"的健康服务，极大地方便了社区居民尤其是行动不便的老人群体。

友邻健康站以充足的医疗资源为居民身体健康保驾护航，近年来对居民心理健康的关注也越来越体现出友邻健康站工作的细致体贴。为了让老年人的晚年生活更加丰富多彩，让白领一族缓解压力，友邻健康站邀请了专业教师每周在邻里家开设艺术课。悠扬的音乐不时从友邻健康站传出，透过落地窗，可以看到居民们正在学习歌舞和时装表演。指导老师是上海市舞蹈家协会会员，上海市国际交谊舞持证专职教师，上海东方社区文化指导中心艺术指导，舞蹈、时装表演艺术编导毛欣之老师。通过线下面对面和线上视频学习相结合的方式，居民们在学习过程中发现美、了解美、创造美，从而确立了自信美，由内而外保持身心健康。

友邻健康站还会不定期举办主题健康沙龙，邀请上海各大医院的名医到邻里家举行健康讲座。居民们有机会聚在这里共同学习健康知识，也促进了居民之间的交流沟通，形成了共同学习、互相关心的良好氛围。通过建立不同的微信沙龙群，健康科普变得贴近生活且富有温度，让居民有更好的体验感与获得感,感受到街道、社区传递的关爱和温暖。

亲子陪伴　温馨家庭

邻里家作为社区居民的另一个归属地,关注的不仅仅是居民的个人体验,更关注每一个小家庭的和睦融洽。亲子关系是家庭关系的重要组成部分,邻里家为社区居民打造了众多促进亲子互动的平台和活动,给父母提供陪伴孩子的机会,给孩子一个健康快乐的童年。

"亲邻成长吧"便是邻里家为亲子共同成长打造的社区乐园,这里是社区少儿、青少年的聚集空间,为孩子们提供一系列专业的文化、科技主题课程培训,提供一个不断找寻探索、尽情发挥想象力并动手创作的实践空间,提供一个促进家长和孩子共同成长的亲子空间。

亲邻成长吧定期开展活动

在以明亮色彩和活泼图案点缀的活动室里,家长们与孩子围坐在一起,共同搭建乐高积木,鼓励孩子发挥想象力,层层闯关,不断寻找解决困难的办法;科学老师和孩子们一起进行手工坊科学小实验,动手组装定滑轮模拟升国旗,寓教于乐,激发孩子们对科学实验的兴趣,让孩子们不仅玩得开心,更能轻松学会科学知识,提高动手和动脑能力;在产品展示区,洗手液自动感应机器人、机械手臂、人形机器等各式各样的机器人模型陪伴孩子们一起玩耍。孩子们对洗手液自动感应机器人情有独钟,对跳舞机器人也是爱不释手,还会三五成群地交流机器人的姿势,天马行空,畅所欲言……

除了打造亲邻成长吧,邻里家二楼还打造了"红十字生命体验区",关注生命成长,关注安全健康。体验区设置了红十字会发展史解读活动等红十字相关专业课程,安排了地震逃生、楼宇逃生的 VR 体验以及厨房灭火、绳结交互式教学体验,让家长和孩子们能够一同认识生命的重要性,学会在危难中保护自己。

在消防安全课中,老师利用可视化虚拟仿真消防系统,详细讲解、演示关于校园防火、家庭防火等简单、易学、实用的消防安全知识,孩子们认真参与视景虚拟仿真操作,学会了面对火灾威胁时如何冷静、积极地采取有效措施自防自救。

孩子们在日常生活中难免会磕磕碰碰,为了帮助孩子在碰到健康卫生问题时保护好自己,红十字生命体验区开展了"我是急救、安全小超人"活动,将医学健康和趣味活动相结合,在激发孩子兴趣的同时,教会孩子正确处理日常生活中的常见意外伤害及突发事件,以贴心细腻的关怀护航每一个孩子的成长,以健康快乐的亲子关系促进社区氛围的良好发展。

美邻市集　爱在身边

在邻里家这个社区大家庭里,独具特色的美邻市集定期开展,邻里家与"城市温度"公益市集合作,在这一片小小社区里,为居民们呈现了琳琅满目的优惠商品、别致多样的网红小店、独特有趣的活动项目,以精致温暖点缀着居民们的生活,并将市集所得收益按比例捐入宝山路街道社区基金,用于社区公共福利事业。

　　在市集摊位上,各种原创设计皮具、胸针、手工干花等,让居民们挑花了眼,大家不仅自己买,还会叫上家人邻居一起到市集里挑选精致好物。除了物美价廉的商品,手艺人的摊位也吸引了居民们。人来人往中,捏面人的摊位上总是挤满大大小小的身影。心灵手巧的师傅们根据所需随手取材,在手中几经捏、搓、揉、掀,用小竹刀灵巧地点、切、刻、划,塑成身、手、头、面,再为其披上发饰和衣裳,栩栩如生的艺术形象脱手而成。每天市集一开始,摊位前就会围满人,居民们纷纷自觉地排好队盖章"打卡",一边欣赏着传统手艺,一边期待着自己的专属面人。

丰富多彩的美邻市集

丰富多彩的市集上人头攒动,居民们参与最具市井气息的社交场景,体验最寻常的人际沟通方式,彼此的心灵越来越靠近。除了各种各样的商品小摊,居民们还能在美邻市集上体验各种与众不同的活动,与邻里家人一起感受时光的静谧美好。

在"黑暗听歌会"上,居民们在一间暗室中关闭所有光源,在纯黑环境下戴上眼罩,拥有一个绝对安静的空间。优雅空灵的音乐从吉他表演者的指尖流淌而出,伴随着最后一个音符的消失,所有人进入冥想,在寂静与黑暗中追寻听觉体验的极致。

其实,"黑暗听歌会"想表达的远远不止这些。当黑暗退去、光明恢复之时,体验者们就完成了一次美妙新奇的体验。与此同时,他们也以这种感同身受的方式理解了身边那些仍处于"黑暗"世界的视障群体,可以更好地去帮助他们。

在市集的角落里,还有一群可爱的"小伙伴"也加入了这场聚会之中。一只只小猫温顺地躺在居民的怀里,眯眼享受着轻抚与夸赞。美邻市集上的撸猫小店让快节奏的现代生活变得缓慢而又治愈,在与猫咪的亲密接触中,人们卸下心防,传递爱意。除了撸猫之外,美邻市集还推出了"领养代替购买"活动,不仅让小宠物们找到疼爱它的家人,让居民们收获一份陪伴与温暖,更传递出一种公益参与感和责任感。

红色血液滚烫,人文关怀暖心,从普通居民到特殊群体,从白领青年到老人儿童,邻里家以贴心周到的服务传承着红色宝山路的百年温度。时光荏苒,初心不改,在这片社区里,人与人的温暖故事仍在发生,并且还将继续。

参考文献:

1.《"邻里家"老少皆宜个性化匹配需求》,新闻晨报社官方账号,https://

baijiahao.baidu.com/s?id=1676397507656903679&wfr=spider&for=pc。

2.《静默之处探宝藏 静安这个社区有个温暖的"邻里家"》,新民晚报官方账号,https://baijiahao.baidu.com/s?id=1694922645770406242&wfr=spider&for=pc。

3.《【乐居宝山】邻里家风采|亲邻成长吧,陪伴孩子快乐成长》,宝山路街道微信公众号,https://mp.weixin.qq.com/s/GQ1c6q7wtoDjNClbUHY46Q。

4.《【乐居宝山】邻里家风采|友邻健康站,为您的健康保驾护航》,宝山路街道微信公众号,https://mp.weixin.qq.com/s/JQp422J2nzD2YcZ5VxvdsA。

(文中部分素材由宝山路街道直接提供)

疫情期间 跑出旧改新速度

自宝山路建成伊始,百年时光里,这条街道经历了无数风风雨雨和沧海巨变。在这里,有先辈们开创下的历史伟业,也有战争革命刻下的累累伤痕。历史脚步不断向前,新旧交替永不停歇。随着时代潮流的不断发展,这条富有历史底蕴的老街道也迈出了更新换代的步伐,积极响应老旧小区改造(简称"旧改")号召,在新时代书写人民美好生活的新篇章。

宝山路历史悠久,很多房屋建造年代久远,还保留着20世纪的原貌,需要进行旧改的地块众多,旧改工作任务繁重且紧迫。近年来,宝山路街道坚决贯彻落实静安区旧改工作要求,结合辖区内具体情况,用具有宝山路特色的方式在旧改工作中大放异彩,取得了丰富的成果。

在宝山路街道办事处与居民的共同努力下,那些一家人挤在一间狭小逼仄屋子里的日子一去不复返了。新的房屋与家具让人们的生活焕然一新,对未来美好生活的期待与喜悦洋溢在这条街道的每个角落。

城市建设 旧改大潮流

近年来,国家积极推动旧改工作,自从"加强城市更新和存量住房改造提升,做好城镇老旧小区改造"被列入2020年重点工作,全国各地旧改工程推进愈发如火如荼。

作为一项重要的改造工程,一方面,旧改能够极大改善居民的居住和生活环境,提升广大居民的生活质量,是一项实实在在的惠民工程;另一方面,旧改涉及改造的种类和行业很多,能够有效带动经济发展。同时,旧改作为一项城市更新的重要项目,能够改善城市面貌。因此,很多地方政府将旧改作为工作的重要内容之一,纷纷在旧改中结合地区特色开展相关工作。

走进宝山路,我们看到的是一派崭新的模样,居民们住在新的小区里,讨论着过去生活的不易,感受着现在生活的便利,憧憬着未来生活的美好,这些生动景象便是旧改为宝山路居民带来的福利。

宝山路街道旧改分指挥部在静安区旧改总办的指导下,在街道党工委和办事处的坚强领导下,在旧城区改建任务重、时间紧、要求高、压力大的情况下,充分发挥特别能吃苦、特别能战斗、特别能奉献的优良作风,坚持长期"5+2""白加黑"工作模式,大力加强团队建设,加班加点干,开动脑筋做征收,确保了旧城区改建工作的顺利推进。

在旧改推进过程中,宝山路街道旧改分指挥部充分考虑民众意愿与需求,坚持以人民为中心,积极召开旧改座谈会,搭建与居民良好沟通的桥梁,充分了解居民需求、解答居民疑惑、拉近与居民的距离,设身处地地为居民着想,制定出更贴合居民需要的方案和规划。

旧改工作的顺利进行,离不开旧改分指挥部的日夜辛劳,更离不开宝山路街道相关部门的齐心协力。党工委坚持以党建为引领,强化履职担当,把征收工作作为建立"不忘初心、牢记使命"教育活动长效机制的实践阵地,举全街道之力,推进旧改征收工作。街道办事处主要领导负总责,分管领导负责具体工作,相关单位整体联动并制定了基地征收工作每周例会制度,及时研究和解决工作中的实际问题。机关干部、分指挥部推进干部、居委干部,与征收事务所 9 个大组一一对接,将目标具体化、任务责任化,每组按照定向、对口的原则开展工作。同时宝山路街道与静安区建管委(旧改总办)、区房管局、区司法局等相关部门进行区街联合,全力推进征收进程。

疫情之下　旧改不放松

回望过去的旧改工作,宝山路街道收获满满,但在整个推进过程中,旧改确实遇到了很多困难。其中,给宝山路街道带来最大挑战的,莫过于疫情对旧改工作的冲击。宝山路街道既要尽早实现居民渴望改善居住环境的期盼,又要避免旧改地区疫情防控风险。面对这样的压力,宝山路街道脚踏实地,充分考虑到防疫时期旧改工作的特殊性,灵活制定工作方案,解决了种种难题。

党群发力,居民早得益。在第一轮意愿征询后,旧改便遇上了新冠肺炎疫情。为了让基地居民早日告别蜗居,宝山路街道坚持党建引领,群团助力,全力推进征收进程。基地第一时间建立"党群服务站",组建街道旧改分指挥部、街道机关干部、青年突击队、征收事务所、居民区党员骨干等 5 支党员队伍,党员依照各自职责为基地居民提供政策宣传、法律咨询、矛盾调解等服务,获得居民好评。

云端助力,政策广公开。疫情期间减少外出是防疫的必要措施,这也给旧改出了一些难题:不能开展大规模的政策集中宣讲,不能组织居民统一乘车去房屋安置基地看房。那么,政策宣传和安置基地看房应该如何有效开展呢?宝山路街道利用线上平台,积极用好微信公众号、E 征收 APP、基地广播等,让居民足不出户了解征收全过程,实现宣传全覆盖。"宝山路街道旧改"微信公众号开设了"政策解读""谣言粉碎"等推送专栏,按照居民需求及时推送相应政策知识,第一时间答疑解惑。基地广播定时播放相关政策和注意事项,居民在家中就可以掌握一手征收信息。在基地的几块大屏幕和微信公众号中增设了"云看房"板块,工作人员专门拍摄了看新房视频,让居民们不仅可以看到新房实景,还可以清楚地了解小区环境和周边生活配套情况。有了这些电子平台的云端助力,无须将居民聚集在一起开展相关工作,这不仅有效克服了疫情影响,还为居民带来了与以往不一样的旧改体验。

此外,由于疫情影响,基地有一些当事人无法回国,旧改推进一度陷入困境。经过反复研究,在市、区相关部门的指导下,基地为这些当事人提供了"云委托""云签约"服务,在公证人员见证下完成了委托及签约。这种方式给当事人带来了极大的便利,也为后续旧改工作积累了经验。

防疫给力,安全加速度。在旧改的推进过程中,宝山路街道最大可能防止人员聚集,但诸如面积测量、矛盾调解、抽号、签约等工作必须现场开展。为此,宝山路街道提前做好宣传及工作预案,推行"预约制"调解、"分组制"抽号、"分时段"预签约,号召居民在调解前先预约、抽号前先分组,划定不同时段进行预签约,最大限度防止人员接触、聚集,同时做好场地消毒、人员测温、绿码通行、口罩防护、及时通风等必要的防疫工作,对相关人员进行全面的防疫防护,保障基地居民安全。

在街道如此细致、慎重的工作下,基地居民对于旧改工作更加认可,工作也开展得顺利、有效。

硕果累累　旧改惠人民

在宝山路街道和居民的共同努力下,旧改工作取得新成就,许多方面也实现了新突破。

在各方的共同努力下,宝山路街道旧改工作硕果累累——宝山路街道 31、149、150、152 街坊旧城区改建的征收生效工作圆满完成,共涉及居民 1 275 证;中兴城 8、9、10 基地的收尾工作提前完成,共涉及居民 102 证;宝丰苑基地的收尾工作顺利完成,共涉及居民 2 216 证、单位 63 证;电影技术厂周边收尾工作顺利推进,共涉及居民 1 374 证、单位 54 证……

在旧改工作的推进过程中,许多家庭的新变化让人们切切实实感受到了旧改所带来的福利,许多温暖人心的故事也让人们亲眼见证了旧改留下的感动与喜悦。

"1956 年,我们买下这套私房,入住第二年便生下儿子高月星。"居住在天通庵路 50 号的居民高相如已 92 岁、老伴黄正英 91 岁,是宝山路街道 257、258 街坊征收基地的居民。尽管年岁已高,他们身体非常硬朗,可以自己做饭,天气好的时候还常常坐在弄堂口和邻居"嘎三胡"(聊天)。

高月星一家三口和父母居住的房屋有三层,一楼地势低、经常被水淹,二、三楼各有一间 14 平方米的卧室。一轮意愿征询后,高月星主动和 4 位兄弟姐妹商量房屋征收款的安排。没想到,他们都表示,高月星照顾父母这么多年,理应用征收款改善高月星和父母的居住条件。

"其实,我兄弟姐妹家庭条件也一般,他们不计较,只想让父母住进更舒适的房屋。"高月星内心非常感激,经过一番考察,最终选定了临汾路康悦亚洲花园一套三室两厅两卫的次新房,并带着父母去看了看。

"非常感谢共产党,感谢政府!我们 90 多岁的老人也能住进新楼房。"提起那次看房经历,黄正英难抑内心喜悦:"新房子好呀,非常干净,非常敞亮。儿子已经签好合同了,很快就能搬进去。"此时,高月星赶紧提醒道:"老娘,搬进新房,走路一定要慢一些,木地板比现在的水泥地面滑!"

"我们一家五口的物品,基本整理好了,装了 15 个纸箱,随时可以搬家。"高月星笑道。这几天,他还在帮居委会做搬家前的宣传工作,并提醒即将搬家的居民结清水、电、煤气费用。

旧改的顺利推进为90岁老人带去了入住新房的喜悦,而同样隶属宝山路街道257、258街坊征收基地的居民桂小曼在收拾行李时整理出的一块白布,也在以无声的言语诉说着旧改给人们的生活品质带来的极大提升。

几年前,桂小曼和老伴、老母亲挤在15平方米的房屋里。床、橱柜、衣柜、餐桌挤满了屋子,遇到来串门的邻居时,只能请他们坐到床上。每当这时,爱干净的老伴总会拿来这块白布,铺在床沿上,供客人就座,使用"床边布"的习惯一直延续至今。

退休在家的桂小曼承担着小区多个志愿者岗位,每天都要去居委会报到,因此消息也比其他居民灵通一些。看到自家所在的地块二轮征询获得高比例,桂小曼心里乐开了花。他们一家五口人开了几次家庭会议,共同商讨新房的地址,而那条"床边布"也随着新房的到来成了历史的回忆。

在旧改的签约现场,居民们难掩对邻里街坊的不舍,但感动和欣喜之情更为强烈,在这一刻,他们共同见证和参与了中国城市的发展与进步。长期以来,这里的居民们不得不与手拎马桶为伴,有的居民已经在这样的环境下居住了60多年,有的则是祖孙三代挤在十几平方米的空间里。旧改之后,他们迎来全新的现代化生活,居民们"天热热死、天冷冷死,苍蝇蚊子乱飞"的日子一去不复返了。

宝山路街道的持续发力使旧改工作成果颇丰,但这条旧改之路还有很长的一段历程需要走。目前,街道仍有大大小小的零星旧改地块需要继续改造,旧改规划也需要进一步优化完善,社区建设还有待进一步加强。

宝山路街道也在致力于建设崭新的居民生活环境,面对居民对美好生活越来越高的要求和期待,宝山路街道任重而道远。

参考文献：

1. 《1000多户居民本月搬离二级旧里　静安挥别"毛地"》，新民晚报官方账号，https://baijiahao.baidu.com/s?id=1653064088252735595&wfr=spider&for=pc。
2. 《【社区要闻】疫情期间，街道跑出旧改加速度!》，宝山路街道微信公众号，https://mp.weixin.qq.com/s/6xZY_3mZEqJnynV_4xK9jQ
3. 《【小宝带你看变化】2020年宝山路街道旧改工作盘点》，宝山路街道微信公众号，https://mp.weixin.qq.com/s/0wH6nL5unRUUhhAOPyVJtQ。

（文中部分素材由宝山路街道直接提供）

小小卫生间　浓浓为民情

在宝山路上,有众多仁人志士曾在此居住,留下了诸多传奇与印记。百年前的宝山路上,这些有志青年就开始关注民权与民生。他们创办《平民日报》,为人民争权发声;他们奋起反抗,为五卅运动中流血牺牲的斗士大声疾呼;他们呕心沥血,为拯救水深火热之中的中华民族而日夜操劳。在宝山路这条街道上,对人民的关注永远是重中之重,从未停歇。

如今的宝山路,依旧把关注民生放在工作的重要位置,着眼大局的同时也关注细节,不断围绕民生福祉出谋划策。例如,宝山路街道众多民生工作中的"一平方米卫生间"户内改造项目就为老旧住宅中的居民带来了福音。

宝山路街道在通过调研发现辖区内的民居民宅有相当一部分是20世纪30至40年代建造的砖木结构老旧住房,由于住房结构、占地面积等原因的限制,很多家庭还没有实现"厕所自由",没有独立的卫生间,仍然只能使用公厕或者"手拎马桶"等方式,给生活带来了极大的不便。

从1991年启动第一阶段城市住宅建设更新改造算起,跻身全球最发达城市之列的上海,已经与马桶斗争了30年。2000年左右,上海喊起"消灭马桶"这个口号。但是,"消灭马桶"远不是喊一句口号这么简单,城市的复杂性、居民的多元需求,远超人们的想象。

立刻执行:从"发现"到"行动"

2019年,宝山路街道党政一班人以习近平总书记在上海指导工作时一再叮嘱的"要及时感知社区居民的操心事、烦心事、揪心事,一件一件加以解决"的谆谆教导为基本原则,深入社区楼组倾听居民呼声。在了解到部分住户厕所问题未解决的情况下,迅速展开调研,积极推进"一平方米卫生间"户内改造项目,将其摆上街道党工委和办事处的重要议事日程。

"不装马桶!坚决不装!"这是宝山路街道新汉兴居委会党总支书记贝毅在早期推广"一平方米卫生间"时听到的最多的话。他记得,一位70多岁的老人每次都把上门的居委会工作人员、施工队队长骂出门。

居民的想法五花八门,有人认为政府出钱改造卫生设施会导致本地块拆迁无望,所以坚决不肯改造,宁可再拎10年马桶,等着拆迁;有人怀疑,政府说不收钱,等工程进行到一半或者完工肯定还会要钱;有人家里总共12平方米,舍不得腾出1平方米;还有的是租户,担心改建后房租大涨。

宝山路街道共有701户"手拎马桶"户,这些住房建于20世纪30至40年代,多为砖木结构,分布在8个居民区的9个"零星"地块。不仅说服居民困难重重,就算居民悉数同意,改造方案制定起来也困难重重。701户,每一户的方案都要几易其稿。

工作之初,宝山路街道办事处成立了专项工作领导小组。为明确职责划分,促进项目高效推进,宝山路街道成立了由办事处主要领导和分管领导担任正副组长、相关职能部门主要负责人参加的"一平方米卫生间"户内改造工作领导小组,履行指导、统筹和协调推进的职责。

工作中，宝山路街道一直坚持"思想是行动的先导"，适时召开全街道推进动员大会，统一各级基层党组织、全体机关干部、居委会干部和楼组长思想认识，要求大家紧紧围绕1号民生实事，发扬跨前一步、积极作为、凝心聚力、协同作战的作风，营造齐心合力把这项民生实事办好、办实的浓郁氛围，相关部门在思想、行动上合力有效推进项目的进行。

同时，街道还将具有信访工作经验的部门领导调入主责部门社区管理办公室，和具有丰富社区管理工作经验的部门领导一起，强强联合，优势互补，专门负责"一平方米卫生间"户内改造的一线指挥工作，层层落实责任制，提高一线实务操作部门的工作本领，增强凝聚力，提高战斗力。

从发现问题到具体落实开展项目，宝山路街道以规范、高效的行动建立了负责机构，切实加强了组织领导，让"一平方米卫生间"户内改造项目在实施时更加有质量、有速度、有效果。

直面挑战：走群众路线　不断攻坚克难

在具体工作的开展进程中，困难接踵而至，但宝山路街道深刻认识到群众路线是做好民生实事的生命线，调查研究是谋事之基、成事之道，真正走近居民，不遗漏居民任何一处疑惑。

在工作推进的过程中，遇到的一大难题就是居民对政策的不了解。由于对"一平方米卫生间"户内改造这一民生工程以及相关政策不太了解，居民们产生了很多的疑问：装了马桶是不是就不会再动迁了？马桶装好后是不是要收费？电动马桶是不是质量不太好？

针对这些疑问，街道开展了全覆盖地毯式的深入调研，对700余家符合改造条件的居民逐户逐家上门走访，加强政策解读力度，宣传好、讲清楚政府将"一平方米卫生间"户内改造列为1号民生实事，是要"尽最大努力解决居民'如厕难'问题"而采取的重要举措。这是坚决贯彻"一切为群众的工作都要从群众的需要出发,而不是从任何良好的个人愿望出发""凡是需要群众参加的工作,如果没有群众的自觉和自愿,就会流于徒有形式而失败"这一群众路线的核心要义的实践表现,也让这一项目得到了居民们的理解和支持。

在调研的过程中,宝山路街道根据房屋产权属性摸清了直管公房、系统公房和私房户数的实情,为加强分类指导和有序有效实施实事项目打下了工作基础,方便了后续工作的开展。

遇到的第二大难题是不同住户情况不同,推进时不能采取完全一致的做法。相关房屋产权多元、情况复杂,在701户"手拎马桶"住户中有直管公房185户、系统公房122户、私有住房394户,需要采取不同的改造方式。尤其是产权属性为私有住房的居民,他们普遍居住在20世纪30至40年代建造的老旧房屋里,几代人使用的都是"手拎马桶",房屋改造空间有限,设计和施工也非常困难。

但是,想法总比困难多,宝山路街道真正想为老百姓做实事,自然不怕前路艰难。街道及管理办克难前行,落实管理精细化、操作精准化,将涉及改造的区域分为四个片区,每个片区派入一支施工队,明确改造工作的推进方向、时间节点和质量要求。

在此基础上,在区房管局的指导支持下,街道依据每一户的不同情况量身定制施工方案。有的设计将马桶安装在原来放痰盂的空间,有的安装在楼梯间的空间,有的安装在经过管理办和居委干部及志愿者帮助打扫调整室内家具存放位置腾出的空间。有的居民居住面积实在太小无处可安装,管理办就帮助他们安装收纳柜,将其挂在墙上专装地面上的杂物,从而腾出安装电动马桶的空间。不搞一刀切,精准化改造,这是宝山路对"全心全意为人民服务"的坚持。

尽管"一平方米卫生间"是一项惠民工程,宝山路街道仍然秉承对群众的尊重,规定安装马桶的住房必须由房屋承租人同意并签字才可实施,项目也因此在实施过程中遇到了第三大难题：找人难。街道管理办发现有些房屋由于常年出租，户主已经搬离，难以寻找；有的即使能够找到户主，由于长期不居住等原因，户主的改造意愿较低。面对这样的瓶颈，管理办坚持通过友好沟通的方式来让每一位住户真正了解这一项目的便民之处。在具体实施过程中，管理办便遇到过这样一个案例。虹江路1150弄局南村4支弄某号的房屋长期出租，管理办和施工队多次上门均未找到户主，联系居委会调取相关资料才查到户主的联系方式。但是，虽经多次电话沟通，户主还是表示不愿意接受"如厕难"改造，也不愿意来现场进行交流，这让管理办和施工队的工作一下子陷入了僵局。为了完成改造任务，管理办、居委会和施工队只得在晚上或周末多次往返于静安区与普陀区（该户主现住处）之间，上门对该户主进行政策解释，动之以情、晓之以理，使得该户主对政策有了充分了解，最终自愿配合改造工作。

情况类似的住户其实并不少，据统计，纳入此次改造工作的居民家庭共有人户分离358户。为全面化解"找人难"问题，街道管理办通过各种方式方法共开展工作550余人次，虽然与相关部门花费了大量精力，但是取得了令居民满意的实际效果，真正做到了为人民服务，工作人员普遍认为自己的付出是值得的。

心系民生：有呼必应　情暖人心

政策宣传和讲解到位之后，居民们对于"一平方米卫生间"户内改造项目有了一定的了解，但对于改造之后的结果难免还有疑惑，担心设计方案不合适或者施工质量不佳，犹豫不决或抱着观望的态度。

为了打消大家的顾虑，管理办和施工队决定选择设计和施工难度最大的家庭先开展改造，给其他住户"打个样"。青云路495号的两家住户便属于最先打造的"样板厕所"，这两家室内地平面低于室外水平面60厘米以上,而且他们的住房处在巷子深处,排水管无法从地下通过。如果在室内安装马桶,冲水的压力远远不够,无法排污。管理办和施工队经过多次现场办公商量对策,最终确定了安装自动增压泵,将排水管从后房房顶上通过,然后再沿街面进入地下排管系统排污的施工方案,解决了这一难题。

在管理办和施工队的通力合作下,共打造了 12 处"样板厕所"供居民参观。居民们看到这些样板效果这么好,立马打消了对施工质量问题的担忧,纷纷积极参与改造,这一项惠民工程也得以顺利推进。

在工作中,街道党政一班人也真正认识到了群众利益无小事。只有真正做到民有所呼我有所应,跳出"一平方米厕所"户内改造看民生、办实事,适时酌情处置民有所呼,才能使这项 1 号民生实事真正暖民心,收到"1+1>2"的实效。因此,宝山路街道从不将这一项目当作一个短期任务来看待,在厕所改造之后仍然继续跟进居民使用情况,用贴心的行动切实为人民服务。

管理办工作人员、居委会干部对居民们公布手机号码、座机号码,对已安装好厕所住户的相关后续服务随叫随到,第一时间跟进,确保居民满意。有不少居民在室内一平方米厕所安装完工后,提出要在厕所周边补贴瓷砖、将门口坑坑洼洼的路面铺平、粉刷灶间的室内墙面等。街道将原则性与灵活性有机结合,由居民自行购买水泥、黄沙、瓷砖、涂料等,工程队负

标准一平方米卫生间

责施工,社管办负责管理和验收。而对于一些高龄独居老人,街道做到特事特办,免费帮助解决一系列实际困难。获得帮助的老人们都深受感动,有的甚至留下感激的泪水。

2019年11月,随着"一平方米卫生间"改造工程的圆满完成,宝山路街道辖区内被如厕难困扰多年的701户居民正式告别了手拎马桶的生活,如厕难题全面解决,居民生活质量得到显著提升。

在全区参与这项政府民生实事的12个街镇中,宝山路街道成为改造户数最多并且率先提前完成改造任务的街道,"一户一方案"、打造"样板厕所"等精细化工作模式也为其他项目的开展提供了宝贵的经验。

工作开展以来,街道党工委多次收到居民集体签名的感谢信和锦旗,"一平方米卫生间"改造工作受到居民交口称赞,有些居民在接受采访时也吐露真情,说道:"真的是帮我们解决了大难题,终于可以把天天放在床底下的手拎马桶扔掉了,白天也不用跑老远到公共厕所方便了。""我妈妈今年已经92岁。她说现在用上抽水马桶了,她要活到100岁。"

居民们的称赞是工作人员开展"一平方米卫生间"项目最好的回报。此外,《解放日报》、上海电视台"新闻坊"、新华社、新华网等媒体相继予以报道,社会各界纷纷给宝山路街道点赞。

宝山路街道继承先辈的优良传统,从脚踏实地的实践工作到虚心认真的经验总结,在"一平方米卫生间"户内改造项目上提交了一份优秀的答卷。这一成绩让幸福生活走进宝山路街道更多的家庭,同时也激励着他们继续前进,继续悉心听取民意,为宝山路居民办更多的好事实事!

参考文献:

1.《一家四口住在上海6.5平米老房,还要腾出"1平方"装马桶,可能吗?》,解放日报官方账号,https://baijiahao.baidu.com/s?id=1669110961335650055&wfr=spider&for=pc。

2.《民生工程的重点和难点:上海正用力甩掉那只马桶》,央广网官方账号,https://baijiahao.baidu.com/s?id=1674141447777562277&wfr=spider&for=pc。

3.《【不忘初心 牢记使命】将"一平方米卫生间"改造进行到底——基层党组织案例选编(三)》,宝山路街道微信公众号,https://mp.weixin.qq.com/s/ySGJPx7e0jOnjDFtPvs5Rg。

4.《宝山路街道"一平方米的幸福"改造计划荣获"上海城市治理最佳实践案例"》,宝山路街道微信公众号,https://mp.weixin.qq.com/s/9pBIptpo5lMO8nn7gLfkZg。

以法治建社区　依网格护安全

影响居住环境是否舒适的因素是多样的,住房条件、交通状况等都是住户常常考虑的问题,但无论如何,"平安"是最为重要的一环,也是与居民生活最为密切的一环。

在20世纪革命年代的宝山路,平安是居民们最为关注的问题,唯有"平安"方能幸福,唯有"平安"方能长久。在如今和平富足的年代,居民们对于"平安"有了更高的认识和要求。为了让居民们住得放心,宝山路街道专设社区平安办公室这一部门,并与派出所、市监所等相关单位联动,"谋定而后动,知难而前行",多措并举抓落实,全力以赴保街道平安。

法治先行：创建"国家民主法治示范社区"

2020年11月16日,习近平总书记在中央全面依法治国工作会议上发表重要讲话,再次强调坚定不移走中国特色社会主义法治道路,为全面建设社会主义现代化国家提供有力法治保障。这是从国家层面提出的总体要求,对于基层党组织和个人而言也同样具有重要的意义。个人知法、守法能够守护自己和身边人的平安,有利于形成良好的社会风气。宝山路街道深知法治对于守护社区平安的重要性,积极响应创建"国家民主法治示范社区",推动重点培育单位三宝社区法治建设。

创建"国家民主法治示范社区"是推动社区依法治理的重要抓手,宝山路司法所负责创建工作的开展,街道各部门配合推进。针对重点培育单位三宝社区,街道司法所全程跟踪,进行精准指导,邀请综合治理、宝山路街道综合行政执法队和居委会法律顾问等职能部门加入,及时了解社区意见,协调解决创建工作中遇到的问题,为社区创建活动提供专业资源和意见。最终,三宝社区成功入选国家民主法治示范社区上海市重点培育名单。

在创建过程中,三宝社区积极加强党建引领,充分发挥基层党组织的作用。三宝社区党总支作为创建组织领导的核心,在创建工作中通过党员大会、党小组会等途径统一党员思想认识,尤其是使党总支领导班子达成共识。在蒙特利城和天吉小区业主委员会换届选举过程中,党总支充分发挥引领作用,鼓励党员站出来,树正气。蒙特利城党支部的党员主动引导居民理性表达意见、建议,在协商基础上求同存异,确保改选工作顺利推进。经过近8个月的努力,新一届业主委员会产生,业委会副主任就是蒙特利城党支部书记。同时,党总支将党小组建到了业委会中,为今后更好地发挥党建引领作用奠定了良好的基础。

在工作推进的过程中,三宝社区以解决实际问题为出发点,推动群众民主参与。三宝社区的天吉小区是20世纪80年代的老公房,老旧脏是突出问题,为改善小区环境推进美丽家园工程,这是关系小区所有居民的大事,也是影响所有居民生活的大事,更是一件难事。为顺利推进美丽家园工程,借助创建民主法治示范社区的契机,社区将两者结合起来,以创建促进工程推进。在整个工程的推进过程中,三宝社区将社区协商民主与"三个一"创新工作法有机结合,广开言路,拓宽协商民主渠道,让更多居民参与协商议事,做到"协商为民、协商利民、协商聚民"。

在工程开始前,召开"你喜欢的社区"开放空间会议,除了小区居民、业委会成员,也邀请物业负责人、街道有关部门和设计方共同参与,听取居民的心声,让设计方、主管部门了解居民的真正需求,完善、改进项目内容,通过提议、质疑、聚焦,最终达成共识。

召开居民区民主协商议事会

在工程推进过程中,依托志愿者队伍收集民情民意,邀请居民协商议事,对居民反映的问题及时给予反馈。利用"邻里下午茶"活动,向有违章建筑的住户居民解释整改方案。经过一次次协商,在新年前拆除了一期5个门洞全部的违章建筑。改造后的楼组成了"样板房",越来越多的居民支持和配合美丽家园工程,为接下来的拆违工作开创了良好的局面。

为了让"法治之风"真正吹进社区,吹进每一位居民的心,三宝社区对"一亭('邻情亭'调解服务队)、一茶(邻里下午茶)"的楼组长、退休专业人士志愿者进行重点培养,依托"双员双师"队伍和驻区单位资源对志愿者进行法律法规的培训,持续开展"律师请回答"普法活动,让他们深入了解与社区居民生活密切相关的法律法规和社区自治规则,成为社区里的"法律明白人""调解志愿者"和"法律宣传员"。

这些志愿者成为促进社区民主法治建设的"星星之火"。在他们的示范和引导下,越来越多的居民积极参与社区治理工作。每当楼组里有矛盾产生,这些志愿者便积极上门劝解或在"邻情亭"里通过拉家常的方式开导当事人,有关老人赡养等矛盾在楼组里就能化解。

三宝居民区"邻情亭"法律咨询会

网格管理:筑牢安全管控"防火墙"

良好的法治氛围是保障社区安全的大环境,及时发现一些安全隐患并采取措施同样是平安办工作必不可少的一部分。为了让危险能够第一时间被发现并得到有效处理,宝山路街道推行安全网格化管理,网格员通过配备的安全检查系统终端实时监测现场情况,上传检查督办内容,实现动态实时管理。

网格管理,首先要解决的是细化网格划分。按照"有组织、有制度、有设备、有人员"的标准和"纵向到底、横向到边、不留死角"的要求,宝山路街道根据辖区52家规模性租赁企业、895家"九小"场所和71个小区分布实际情况,科学、立体地划分网格。宝山路街道通过建立二级网格,形成"横到边、纵到底"的安全监管网格,使网格化管理科学覆盖整个辖区,力争实现"无缝隙、无缺口"的消防安全监管格局。接下来是加强网格员培训。为进一步推进网格员管理工作,提升网格员业务知识能力,切实做好社区消防安全工作,增强网格员安全防范意识,全面提高辖区内消防安全管理水平,宝山路街道注重加强网格员的培训教育。

有了完善的网格体系和人员队伍,下一步便是最大化利用这一体系的优越性,做好摸排常态化。网格员通过错时走访、地毯排查等方式深入各网格对消防隐患进行摸排,将群租房、人员密集场所作为常态排查对象,重点检查电动车违规充电、装修过程中的用电用火等现象,通过"随手拍"的方式将隐患上传平台。

将辖区内4家重点单位和"三合一"场所、"九小"场所等各类场所作为重点盯防的对象,要求各业主严格遵循"五个一"原则。由民警、消防、城管联合检查紧急通道是否占用、消防设施是否可用、自动报警是否能用等问题,持续跟进复核。按照"四个一律"的要求对前期检查过的小区、单位、场所定期开展复查,尤其是对于出问题的网格、企业加大"回头看"的频率。同时,通过现场服务、集中指导加大监管力度,从源头上减少火灾事故的发生。

通过网格管理能够第一时间发现问题并采取行动,但危险发生时,光靠管理员是不够的。为了使辖区居民遇到火情时能够采取正确措施,宝山路街道不时开展实战型训练,定期组织单位、企业、学校开展消防安全演练,帮助居民掌握灭火器、消防栓的使用方式,完善消防应急预案,提高火灾事故先期处置能力。

宝山路街道征收基地内空置房屋作为实景演练基地,并邀请消防支队官兵、专业机构加大对微型消防站人员、物业公司人员的培训,提升火灾处置能力。此外,还利用安全生产月、119消防日等契机,邀请居民通过观看消防短片、体验模拟火灾逃生场景等生动灵活的方式,提升他们对于火灾的认知水平和应对能力。

智能巡查:让安全工作"如虎添翼"

街道平安办经常会接到群众举报某某小区有群租户、某某小区楼道乱堆杂物、某某小区电瓶车入户充电、某某店铺存在"三合一"现象。这些问题严重危及居民安全。对于这些问题,平安办高度重视,每次都立即安排人员进行督促整改,但是整改后经常死灰复燃。如何加强对这些问题的监管、预警成了安全管理的难点和痛点。在平安办全体工作人员的群策群力下,一款智能巡查系统——风险地图应运而生,让安全工作"如虎添翼"。

2020年8月的一天,网格员在日常巡逻时发现天通庵路上有群租现象,现场的情况触目惊心。外面看是个不起眼的杂货店,里面竟然被向下挖了近1米深,四五十平方米的空间被辟成了上下两层楼,里面"蜗居"着十几户人家,床铺和炊具一应俱全,无任何逃生通道,存在严重的安全隐患。

网格员马上拍下照片上传至智能巡查系统,并标注为红色风险。该系统风险等级共三级,分别为红、黄、蓝。红色为最高安全风险等级。现场工作人员要求负责人立马清空里面所有租客,消除安全隐患。该负责人刚开始很不配合,谎称将该处作为员工宿舍使用。但经过核实之后,该负责人立马败下阵来,答应三天整改完毕,清空所有租客。

三天后,智能巡查系统自动提醒工作人员需要上门核查安全隐患是否得到了有效整改。工作人员上门检查后发现,该负责人只是表面敷衍,并未进行有效整改。现场工作人员按照工作流程,再次拍照上传系统,并标注安全隐患未消除,风险等级仍然为红色。接下来,该系统每天都会提醒工作人员上门督促检查整改情况。安全隐患一天不除,风险等级一天不降,安全预警一天不停。

工作人员将天通庵路上的这一问题以专报形式上报安全工作领导小组。街道党工委、办事处高度重视,立即成立由街道平安办牵头,城管中队、市场监督所、派出所参与的联合督导检查组,前往实地进行督导检查。联合检查组根据各自职能,分别出具了整改意见书和处罚决定。

两个工作日后,原先"蜗居"在此处的租户陆续搬离。租户全部搬离后,网格员将整改后的情况拍照上传智能巡查系统。该系统将此处安全风险等级从红色下调为黄色。

群租问题虽然消除了,但是只要房屋一天不恢复原样,群租就有可能回潮。如何解决群租回潮问题呢?智能巡查系统来帮忙。该系统可以对所有发生过安全隐患的点位进行长效监管,防止隐患回潮。由于天通庵路该处的风险等级仍然为黄色,网格员必须每周对其进行现场检查,并将检查情况上报系统,直至风险等级下调为蓝色。如果工作人员未进行检查,系统会自动提醒,直至上报检查情况。

一个月后,工作人员检查发现二楼有两个房间有住人迹象并约谈负责人。负责人狡辩说是"亲戚"临时借住。工作人员要求负责人一周内让其"亲戚"搬离,否则将对其进行处罚。这样你来我往地交锋了三个多月后,该负责人感觉在这种高压、高频的检查下,不可能再进行规模性租赁活动,自觉拆除了所有房间。所有房间拆除后,工作人员将整改后的照片上传系统,安全隐患得到了彻底整改,风险等级下调为蓝色。周边的老百姓纷纷说道:"这下我们可以安心睡觉了,不用担心这间房屋会出事祸及周边了。"

百年前,宝山路上的先辈以流血牺牲为我们换来了如今的和平安宁,现在的宝山路街道也在努力守卫着这一方的和谐平安。对于社区安全工作,宝山路街道始终保持着一颗警惕之心、慎重之心,与安全隐患做斗争,与不法行为做斗争。平安、和谐地居住在宝山路是平安办一直努力的方向,要护一方平安,其事也辛,其任也重。

参考文献:

1. 《静安区宝山路街道:美丽"三宝"打通服务群众"最后一公里"》,上海基层党建网,https://www.shjcdj.cn/djWeb/djweb/web/djweb/home!info.action?articleid=ff808081765c43130176617293110074。
2. 《上海市"全国民主法治示范村(社区)"重点培育单位名单出炉,宝山路街道这个居民区上榜!》,宝山路街道微信公众号,https://mp.weixin.qq.com/s/p6U-b1l8D8J1n79_N-h8vA。
3. 《【社区安全】宝山路街道领导带队开展夏季安全检查行动》,宝山路街道微信公众号,https://mp.weixin.qq.com/s/rEY3O4xIE1Agn-6Td6n7hw。

(文中部分素材由宝山路街道直接提供)

网连千家万户　心系大事小情

宝山路街道始终怀揣着使命与担当致力于社区建设。如今的宝山路承载着丰富的红色文化,在新时代下不断发展和进步,让社区建设与时代结合,通过城运管理平台进行社区建设,让居民生活更加幸福。

宝山路城运管理中心于2019年更为此名,在社区城运建设中具有"总控室""驾驶舱"和"仪表盘"等功能,统筹街道辖区内相关部门的信息化和管理职能,形成分工合理、权责明晰、协调有序、全程监管的城市运行综合管理新体系。2020年,宝山路街道城运管理中心在街道党工委、办事处的坚强领导下,牢固树立"群众利益无小事"的观念,加大督办力度,真心实意为群众排忧解难。紧扣"城市运行一网统管"的目标方向,加快建设城运管理平台,探索城市精细化管理新举措,取得了众多社区建设的成果。

工作质量：主动跨前,彰显成效

在工作过程中,宝山路街道城运管理中心不断提升工作质量,主动听取社区居民需求,集思广益,为居民提供帮助和服务。

为了让居民倾诉有渠道，宝山路街道开通"12345热线"，将其作为"一网统管"的总客服，居民遇到问题可以拨打热线进行咨询。热线工作人员以高度的责任心为广大人民群众服务，坚持做到工单先联率100%，群众满意率在全区14个街镇中持续位列第一。

"12345热线"越来越受居民的欢迎，这也就对热线团队提出了更多更高的要求。面对这一要求，城运管理中心对团队不断进行提升：选优配强一线工作队伍，选派群众工作经验丰富、专业技能水平和综合素质过硬的工作人员充实一线队伍；加强与区城运管理中心的沟通，进一步明确考核标准，结合自身，找差距、补短板、促提升；在其他街镇"比学赶超"的形势下，提高对同类件、难办件的办理效率和诉求实际解决率。通过对联勤巡防、联动指挥、联合执法的监督、考核，协调相关部门进行处置，严格城运管理中心配备的第三方巡查队伍，确保队伍工作流程正规化，根据任务特点快速、精准地开展工作。

为居民服务不仅要"认真听"，还得"认真看"。深入一线监督是宝山路街道提升工作质量的另一大举措。通过"地毯式"监督及时发现问题，采取"链式巡查"机制，其中包括街面监督员、各职能部门专业巡查员和第三方力量，对路面实现有效管控，要求每个监督员做到应发现尽发现，提高先行发现率。在监督员们的努力下，暴露垃圾、乱设户外设施、架空线坠落、占绿毁绿、乱晾晒等问题能够被及时发现并得到有效处理，社区环境也变得更加安全、舒适。

在工作推进过程中，宝山路城运管理中心积极推动"人机交互、主动发现"的治理转变。安装城运管理平台，实现了街道层面社会治理各类问题的派单协调处置，将"12345热线"处置系统归并进城运管理系统，打通系统壁垒，加快平台系统的升级、完善，平稳、有序地推进各项工作。

工作队伍：从严管理、分工明确

宝山路城运管理中心有态度，也有队伍。一方面，城运管理中心厘清人员架构，根据工作内容进行精细分工，权责明确，安排热线工作组、网格巡查组、视频巡查组等工作小组，队伍成员中近90%的员工具有大专及以上学历，确保员工能力素质，更好服务社区居民。另一方面，城运管理中心不断加强思想建设，充分发挥模范带头作用。城运管理中心党支部开展多项支部活动，在加强自主管理、提升工作主动性上狠下功夫，始终坚持"全心全意为人民服务"的宗旨。党员同志们不忘初心、牢记使命，不断凝聚中心员工的力量。尤其是"网红接线组"，带头扛起了中心多项重要工作，坚守热线岗位，在服务群众方面起到了示范作用。

此外，为了能够更好地履行职责，城运管理中心还积极强化业务培训，有力提升队伍工作水平。为提升热线、网格巡查工作的业务水平，中心通过具有丰富经验的老同志传、帮、带新员工，提高工作执行力。对于岗位骨干，中心邀请静安区城运管理中心的专家老师、业务能手上门讲课，帮助骨干提升业务水平。对于全体员工，中心结合案情案件，指导员工对静安区城运管理中心下发的网格巡查和热线月报、中心周报进行分析，在案例分析和反思中提高，对照要求查缺补漏，扎实推进工作。

在队伍建设过程中，城运管理中心也发现自身面临部分员工年龄偏大、岗位人员变动后亟需专业技术人才等瓶颈，同时随着城市精细化管理和新冠肺炎疫情实时监测要求的提升，中心全体员工的24小时值班频率大幅增加，使人员紧缺的问题进一步凸显。于是，城运管理中心决定进一步通过勤练内功加强自身建设：一方面继续向街道申请招聘员工，挖掘、培养信息化专业人才，合理选配各工作组人员，通过调岗、轮岗排班等方式加强思想、素质、能力的整体提升；另一方面在中心党支部的带领下，通过组织生活、支部学习加强沟通,以党员骨干为引领,打造一支冲锋在前、迎难而上、勇挑重担的队伍。

平台体系:万物互连、一网统管

要建设现代化的新社区,自然要用现代化的方式。宝山路城运管理中心深谙此理,凭借专业的团队全力构建互联网平台体系,让城运管理中心工作网络化、便捷化。

要做好"一网统管"的体系,宝山路街道首先构建了网络版的城运管理中心,依托市、区两级电子政务云和政务外网设计城运管理平台,基于区级平台开发个性化应用,于2020年1月初安装城运管理平台,实现了街道层面社会治理各类问题的派单协调处置,积极发挥城运管理的神经末梢作用。

平台建立之后,立足城运管理的各个方面不断扩大其影响力,充分运用城运平台信息化、智能化手段,实现电子地图调取、模块智能分析、实时人员检查,筑牢无形防护一张网,有效打通服务群众的"最后一米"。目前,平台已汇集井盖、路灯、消防栓等城市部件,地下管网、各工地和深基坑、小区案件。开设100个政务微信账号,涉及城管中队、市场监督所、绿化市容所、房管办、城运管理中心、19个居委会及第三方服务。"三高"平台内所有的案件类别,城运平台均已对接完成。

城运管理平台俨然成了一张兼具管理、服务等功能的电子网络,网格上的每一个点都在有条不紊地运行着。

有了城运管理平台,宝山路街道结合社区特色,又开发了一些个性化的智能应用场景,让社区管理更加精细化、有效化。

城运管理平台积极拓宽,开发多个应用场景,根据静安区城运管理中心考核规定,为了进一步提升考核评分值,城运管理中心结合自身指标情况,开发适合本街道的智能应用场景,包括垃圾箱房管理系统、噪音监测管理系统、门责管理系统、物业管理系统等。

城运管理中心各智能应用场景均已进入开发、安装阶段,部分硬件已铺设到位,软件正在持续对接、开发中,部分试点点位软、硬件均已安装到位。目前街道正在按照静安区城运管理中心的要求,与数交公司、智能应用开发公司持续按需开发应用场景。

同时,宝山路城运管理中心积极推进落实"重划网格、联勤联动"的巡查机制。网格化管理是宝山路街道社区管理的重点。城运管理中心一方面计划完善网格划分,确定"一网统管"基本管理单元,确定网格巡查和统管范围;将现有社区、街面等划片巡查,梳理职责任务;重新划分处置网格,将街道原有五个处置网格中两个管理范围较小的网格合并,与派出所警务片区管理边界完全对应,以便于更好地建立联勤联动处置网格。

另一方面,城运管理中心还按照网格化综合管理工作实行督查制度,由城运管理中心开展日常督查,街道党政办、党群办、城运管理中心不定期开展"三位一体"联合督查。对发现的问题及时通报相关责任单位,规定处置时限,并将结果反馈至城运管理中心。对于媒体曝光、群众反复投诉、虚假瞒报、久拖不决等问题,实行责任倒查机制,并报街道党政办实行督办,将督办结果报街道主要领导。

宝山路城运管理中心整合各领域工作力量、归并枢纽指挥职能,实现案件发现、立案、派遣、处置、核查和结案的全流程管理,有效提升基层社会治理能力和治理水平。

过去的宝山路上,一大批仁人志士为中国之崛起呕心沥血、奋不顾身以谋求后代们的幸福生活;现在的宝山路街道,人民生活幸福,在新时代里承载着红色记忆茁壮成长,社区管理、建设日益完善,城运管理规范、有效。20世纪二三十年代住在宝山路的革命志士们或许不曾想到,这个他们卧薪尝胆的地方如今承载着他们的记忆正在蓬勃发展,人们的生活质量不断提升,社区管理从最真实的"现在"出发,努力去探索如何构建更加美好的未来,构建更加美好的社区,不负先辈期望。

参考文献:

1. 《推进"一网统管"六大智能场景宝山路街道打通服务群众"最后一米"》,上海市静安区人民政府官网,https://www.jingan.gov.cn/rmtzx/003008/003008002/20211104/99d26478-852c-401e-bb4f-b6cc46602624.html。
2. 《【小宝带你看变化】2020年宝山路街道社区管理工作盘点》,宝山路街道微信公众号,https://mp.weixin.qq.com/s/Tz8qxJr_5odPFML1GkW7eg。
3. 《【迎新盘点系列】精细管理提升形象 务实高效温暖人心》,宝山路街道微信公众号,https://mp.weixin.qq.com/s/dfqLD9nQW7laMtkAJIOeIg。

(文中部分素材由宝山路街道直接提供)

居民自治　共享美好

党的十九届五中全会将"社会治理特别是基层治理水平明显提高"作为"十四五"时期经济社会发展主要目标之一,提出"健全基本公共服务体系,完善共建共治共享的社会治理制度,扎实推动共同富裕,不断增强人民群众获得感、幸福感、安全感"。

宝山路街道以"自下而上的引导"和"自上而下的培育"为核心理念,既注重引导居民参与,又聚力基层队伍成长;既搭建社区参与平台,又建立队伍建设网络。

2017年,宝山路街道正式启动"社区营造项目"申报,在全街道层面推广自下而上的需求提炼和自我回应机制,开展了具有社区特色的营造项目,打造了耳目一新的微更新样板,挖掘了热心公益的社区骨干,培塑了专业多元的志愿者队伍。项目类型包括服务型、管理型、平台型,涵盖互助类、环境类、综合治理类等社区公共事务领域,在社区人文环境营造上不断夯实治理根基,在创新社区治理上不断展现新的生机和活力。

2018年,宝山路街道正式成立"居委会自治探索营",由19个居委会的书记和主任组成,强调"专业引导、同伴互助、自主学习"的核心理念,培育骨干、带动团队成长,提升服务意识与工作能力。3年时间里,探索营累计参与培训 8 次、拓展交流 6 次、开放式研讨 7 次、骨干专题培育 8 次,形成社区议题引导结果 5 个,每年制作探索营建设成果展示册。

顶层设计,植入项目运作概念

宝山路街道的社区营造项目以居委会为主要牵头人、设立 1 名项目联络员,吸纳居民骨干为协助执行人。针对社区中的共性问题,由居委会组织居民骨干和社区相关方共同研究对策、设计方案,最终落地成可操作的社区微项目。由街道提供基本的项目资金保障,每年进行项目申报和实施管理。

初期,宝山路街道出台《宝山路街道社区营造项目管理方案》,明确社区营造项目的申报流程、项目方向等,从街道层面规范社区营造项目的管理。宝山路街道设计了《宝山路街道社区营造实务工具包》,分申报期、执行期、总结期 3 个时间段提供相应的项目管理工具,包括项目目录细则、项目预审流程、项目实施记录、项目监测机制、项目总结对比等各类模板和要求。在居民区的执行方面,规范社区营造项目的产生、实施、监测、总结等环节。

同时,宝山路街道借力第三方专业机构,在社区营造项目实施过程中实行"全周期管理",在项目"从无到有"和"从有到优"的整个过程中,提供专业指导和实时跟踪,旨在让居委会通过亲身实践,体会和掌握项目化运作在社区事务解决和社区需求回应中的理念和方法。

社区营造项目覆盖各类居民群体,实现多样化发展。针对社区老年人群体,宝山路街道打造了"爱驻夕阳"项目,开展"心理驿站"等活动,以心灵对话、信息化科普、角色互换体验等形式,引导更多的居民加入关爱身边老人的行动,帮助社区空巢老人提高生活质量,营造和谐文明的社区环境和人际关系,逐步实现"老有所养、老有所依、老有所乐、老有所学"的工作目标。针对社区未成年人群体,宝山路街道打造了"彩虹桥"项目,开展"国学进社区""暖心陶艺"等活动,通过展示汉服礼仪、介绍国学知识以及居民互动等形式,为孩子们打开学习、继承和发扬中华优秀传统文化的窗口,有效增进亲子关系和邻里关系。针对社区外来务工群体,"彩虹桥"项目开展了"城乡一家亲""楼组沙龙——楼组姐妹相聚做网红青团"等活动,结合中国传统节日开展美食习俗交流互动,展示各地区美食,介绍不同的饮食文化,以利于"筷子上面交朋友"的方式,进一步增强了本地居民与外来务工人员的融合,增强了外来人员的归属感。

社区营造的需求来源于居民,项目产生于居民,效果回馈于居民。可以说,每年的社区营造项目都回答了居民的需求在哪里、社区动员程度深不深、居民参与意愿强不强、居民满意度好不好等关键问题。社区营造项目既能给需要服务的居民一个得到服务的途径,更能给居民一个发挥余热的舞台;既能给自组织一个自娱自乐的机会,又能给自组织一个议事协商的平台;既能汇集个体力量,又能凝结多方合力。

宝山路街道的社区营造项目,先把居民召集起来,让他们参加自己喜爱的活动,让他们参与自己力所能及的志愿服务;然后将个体的志愿力量固化成组织的规范行动,把组织团结起来,解决社区问题和居民需求;最后用个体和组织的力量,吸引更多的社区内外资源,汇聚合力来满足社区的共性和个性需求,形成社区共同体。

平台建立,探索人员培养机制

宝山路街道的"人员培养机制",既面向普通居民和自治团队,又面向居委会的条线干部,包括居委会的书记、主任。宝山路街道以社区营造项目为抓手,以自治探索营为平台,吸引居民参与,培养干部骨干,精进领导能力。

在社区营造项目运作的基础上,以"聚人气""强种子"为核心,既注重以活动带动居民参与,又强调以项目提升队伍能力。"聚人气"是通过组织居民喜闻乐见和力所能及的活动,搭建居民参与的便捷平台,在项目运作中培养社区参与意识和能力,一方面营造熟人社区的氛围,一方面培养志愿者骨干队伍。"强种子"是以学习工作坊的形式,从 19 名项目联络员中筛选 6—7 人作为工作坊成员,对其提供小班化的专题培训,训练综合思维,以个人的项目运作能力提升带动社区营造项目的水平提升。

宝山路街道在强调社区参与和居民骨干培养的同时,也为基层队伍成长搭建常态化学习平台,探索居委会成员的梯队培养机制。除了开设"种子计划"培养居委会中的项目能手,宝山路街道同步成立了"居委会自治探索营",以 19 个居委会的书记、主任为主要成员,拟定自治探索营的相关制度,明确开展频率、内容形式、参与规则、小组划分等,搭建学习互动和工作交流的平台。

自治探索营通过骨干沙龙活动,引导各居委会主任自发地挖掘社区议题,形成开放式研讨活动的主题,针对"如何提高居委会主任自身领导力""如何提高居委会主任社区动员能力和技巧""探索社区工作新技能与新工具"等社区工作相关主题展开专题研讨;通过主持人工作坊,帮助各居委会主任理清工作脉络,学习推动社区参与、社区自治共治的主持引导技巧;通过外出拓展学习,借鉴其他社区的优秀工作案例,开拓更为广阔的工作思路。

居委会自治探索营是基层队伍自主学习的助推器,是同伴互助的培力园,是专业习得的强引擎。探索营强调常态化的运作、普适性的培训、个性化的指导、专业化的引导。既培养自主学习的能力,也培养同伴互助的助力;既有适应形势要求的共性通识培训,也有适应个体需要的个性定制辅导;既输入专业化的理论知识,也归纳在地化的实践经验。

宝山路街道的居委会自治探索营,先让基层干部加入进来,形成常态化运作机制,营造良好的自助互助氛围;再让这些成员中的骨干投入进去,培养自主学习的理念,形成自我能力提升的意识;最后让骨干领袖带动整个基层队伍的共同成长,在社区事务中深耕下去,在治理水平上提升起来。

能力培养,聚焦问题导向实质

不论是社区营造项目的主题目标,还是基层队伍培养的主题内容,都逐步在向"问题导向"推进。社区营造项目越来越注重对社区公共事务的回应和问题解决,基层队伍培养也越来越注重个性化培养与成长。

项目开展以来,宝山路街道多次组织面向社区营造项目联络员的普适性与专题性培训,比如项目设计、项目评估、自治项目案例分享、共享书屋打造、PPT制作、项目宣传与演讲等。初期的社区营造项目以文化活动类、团队建设类、人群服务类等类型为主,旨在让居民适应和熟悉项目的运作和参与形式。同时,让居委会掌握从社区需求到自治项目的推演过程,积累项目经验,展示项目效果。运作至今,项目更多地向小区管理、社区融合、平台运营、环境整治等问题解决型项目演变,比如社区微更新、楼组建设、自治理事会运作、垃圾分类指导、文明养宠等。

同时,宝山路街道将19名居委会书记、主任分成5个小组,提供多形式、多主题的能力建设,结合社区营造项目的实施和项目联络员的培养,以小组为单位,进行专题实践。主题包括社区志愿者团队建设、社区自治团队活动计划制订、社区垃圾分类怎么做等社区热门议题。同时,在探索营成员中筛选出8名骨干,进行专题培训,比如街区规划、社区微改造、公共空间营造等。将社区难点、热点变成基层队伍成长培养的载体,在实践中训练,在训练中实践,通过培育骨干,以点带面地带动队伍的共同成长。

宝山路街道在工作中形成了一套日益成熟的治理路径,通过需求调研工具、观察分析等方法,将人的需求挖掘出来、表达出来,形成共识性的集体议题;通过专业方法的引导,将议题想要达成的目标不断聚焦,形成可操作性的具体措施;通过问题解决过程的提炼和总结,形成可推广、可参考的问题解决机制和居民区工作方法。

不论是服务型项目,还是治理型项目,自治项目本来就是满足居民需求的一种有效方式;不论是常规培训,还是自主学习,自治探索营本身即是一种水平提升的有效渠道;不论是对社区居民的参与平台搭建,还是对基层队伍的能力培养,归根到底都是对不同场景下人的需求的满足,都是回应需求的长效方法。

深耕细作,提升精细治理水平

社区营造项目的深耕,体现在项目主题内容的转型和目标聚焦的精细度上;基层队伍培养的深耕,体现在自主学习能力的增强和培养目标的精准性上。社区治理水平也要从社区需求把握、社区问题明确、回应方法有效、主体能力匹配等多个方面来评估。

近年来的社区营造项目,已经能根据区情、街情、居情、楼情的实际,结合社区内生力量与外部资源,进行综合考量,最终设计落地。各居委会也能用"社区分析工具",筛选出符合本社区、本小区甚至各楼组的个性需求,从而使项目更聚焦,更有社区共性,更具操作性。比如三宝居委会的共享书屋、瓶子种菜,陆丰居委会的401弄自治理事会,象山居委会的邻里朋友圈,新汉兴居委会的业委会沙龙等,都是基于居民需求和社区资源而生的自治项目。

在基层队伍培养上,注重个人能力的个性指导和团队能力的共性补足,既看到工作团队对个人的要求,也看到个人对整个团队带来的价值。

宝华里居民区长信公寓小区自治阵地——"怡乐亭"

通过调研座谈,结合时事背景,推出抗疫工作法的经验梳理、社区动员的途径技巧、手绘引导法的应用等专题讨论;结合静安区《社区工作者修炼指南》,开展"居委会主任应当具备的能力"之大讨论。基层工作者们越来越清楚自己现有的工作能力、岗位对能力的要求以及两者之间的差距。比如宝山路600弄居委会、王家宅居委会、止园居委会,都学会了利用团队共创、开放空间等方法,引导居民有序协商社区公共空间的使用、非机动车的停放管理、对居委会的认识等公共议题,最终得出有共识的可视成果。

宝山路街道治理水平不断提升,使得越来越多的居民主动关心社区公共事务,积极参加各类自治活动,社区的自治氛围日益浓厚,不仅增强了社区整体凝聚力和社区治理软实力,更激发了居民对自治项目的热情,吸引更多居民走出"小家",融入"大家",为社区建设贡献自己的力量,形成社区自治的良好效应。

参考文献：

1. 《激发群众参与热情　提升社区自治能力——2017社区营造基金项目开启新的篇章》，宝山路街道微信公众号，https://mp.weixin.qq.com/s/07hJ17onjrMGZTgh2xjnLg。
2. 《【迎新盘点系列】夯实基础提能力　凝心聚力谱新篇》，宝山路街道微信公众号，https://mp.weixin.qq.com/s/CtnA900KE_zd1ZOIIA4nOQ。
3. 《【基石宝山】"吾"年营造｜社区自治"撬动"居民热情，让小区"改"出幸福感，变身"幸福院落"》，宝山路街道微信公众号，https://mp.weixin.qq.com/s/ekVVytdE5b40YlTSViy7Ug。
4. 《自治探索营｜探索出真知，社会动员新经验你get了吗？》，宝山路街道微信公众号，https://mp.weixin.qq.com/s/eq6yxTmtWeXfztXqVbduMw。
5. 《自治探索营｜社区主持人工作坊——体验对话的力量》，宝山路街道微信公众号，https://mp.weixin.qq.com/s/yQctxlFaZQ5MqGY80ZAs1Q。
6. 《"开脑洞，玩技术，促沟通"——宝山路街道居委会自治探索营开放空间纪实》，宝山路街道微信公众号，https://mp.weixin.qq.com/s/9nNFb3f0jZwFcJnt2xHq6g。

（文中部分素材由宝山路街道直接提供）

附录

天 亮 了
——宝山路红色情景剧剧本

谭旭东

(茅盾上,几位工人在观众席散发传单)

茅盾:工人朋友们!广大上海市民们!血浓于水的中国同胞们!请听我说!你们看哪!那群伪文明人的真面目终于暴露了!我们的好市民顾正红,被日本人枪杀了!英国政府纵容他们完全是帝国主义的一丘之貉!醒醒吧同胞们!我们还能继续忍受这样的欺压吗?(台下答:不能!)你们还想继续做任人宰割的牲畜吗?(台下答:不想!)你们同意天地公道就这样被泯灭吗?(台下答:不同意!)那就一同到街上去、跟着我们一起喊"打倒帝国主义!释放被捕学生!"(台下应:打倒帝国主义!释放被捕学生!)

(游行环节)

[字幕]

1925年5月30日,上海学生在租界内散发传单、发表演说,抗议日本纱厂资本家镇压工人大罢工、枪杀顾正红,呼吁收回租界,被英国巡捕逮捕百余人。

(三个朗诵者上舞台靠前的部分——朗诵区,屏幕同时播放五卅惨案

照片)

朗诵者甲：当天下午,大批群众聚集在南京路巡捕房门前,要求释放被捕学生。他们高呼着：打倒帝国主义！释放被捕学生！

三人：打倒帝国主义！释放被捕学生！打倒帝国主义！释放被捕学生！

朗诵者乙：没想到,英国巡捕竟疯狂开枪,公然屠杀手无寸铁的群众,打死13人,逮捕150余人！

朗诵者丙：当我翻开历史的篇章,追溯那段屈辱的历史,满目的鲜血和流弹,击穿了我的心房！

朗诵者甲：当我凝望五卅的惨象,寻找那段悲愤的记忆,那些年轻的心脏啊,输给了冰冷的猎枪！

(朗诵区灯光黑掉)

旁白：那天下午,郑振铎、茅盾、叶圣陶在商务印书馆阅读着英租界的报纸,愤怒不已。

(商务印书馆区域灯光亮起)
[屏幕背景——商务印书馆(今宝山路499弄)]
[人物：郑振铎、茅盾、叶圣陶]

郑振铎(将报纸握在手中)(悲愤状)：岂有此理！几十条人命啊！就这么几句话打发了！

茅盾(叹气)：租界的手,死死捏着他们的咽喉啊！

叶圣陶：那怎么办！难道就这么眼睁睁看着他们扭曲事实？

郑振铎(将报纸一摔)：一句该说的都没有！还不如废纸！

茅盾：最恐怖的,是死者们还要被扣上莫须有的罪名,被诬陷成受别国势力煽动的中国暴徒,手上沾满鲜血的英国巡捕倒成了正义的裁决官了！你们说,公理在哪里！

郑振铎（将报纸一摔）：一句该说的都没有！还不如废纸！

茅盾（眼前一亮）：不如，我们自己办一份报纸？

郑振铎、叶圣陶：我们自己？

茅盾：没错！不是忙着为牺牲者洗刷罪行，不是一心只想博取同情的目光，这些内容都太软弱了，毫无骨气！我们办，就要办一份揭露罪行、唤醒中华民族的报纸！

郑振铎、叶圣陶：太好了！

茅盾：这样，办报纸的钱我去筹！

叶圣陶：我回去马上就撰写文章！

郑振铎：好！好！既然我们的报纸发表的是人民呼唤公正的舆论，那就是公理，不如我们就叫它……

三人：公理日报！

（商务印书馆区域灯光黑掉，茅盾退场，胡愈之上场）

（朗诵区灯光亮起）

［屏幕背景：郑振铎家（宝山路宝兴西里9号）］

朗诵者甲：郑振铎无所畏惧地把《公理日报》编辑部和发行所设在自己的寓所——商务印书馆宝山路总厂附近的宝兴西里9号，还动员全家人都参与有关事务。

朗诵者乙：胡愈之也加入了他们的行列，在此通宵达旦地苦干，根本顾不上休息。

朗诵者丙：他的母亲忙着为大家烧茶煮饭、妻子高君箴做着分发报纸的准备。

（朗诵区灯光黑掉）

（郑振铎家旁弄堂的灯光亮起）

[屏幕背景：郑振铎家旁的弄堂，宝山路宝兴西路及附近弄堂]

[人物：郑振铎、叶圣陶、胡愈之、茅盾]

（郑振铎、叶圣陶、胡愈之拿着一捧报纸）

郑振铎：这就是我们刚从印刷厂拿回来的《公理日报》！

茅盾闻：你们闻，还带着油墨香味！

胡愈之：真是十月怀胎，一朝分娩哪！

茅盾（对郑振铎）：我说西谛啊，有劳你把自己家的公寓贡献出来，作为我们《公理日报》的编辑部和发行所。真是辛苦你了！

郑振铎：雁冰！你不要这样说，为了我们共同的事业，无论需要我做多少奉献和牺牲，我都在所不辞。

胡愈之：雁冰，办报的资金都是你日日夜夜花费大功夫筹集来的。没有你的辛苦，成功办报也只能是一纸空谈啊！你是大功臣啊！

茅盾：同志们，办报纸的资金都是我们党组织和党员同志们辛苦筹措来的。报纸上写着的是我们万忍不住的谈话，为了唤醒多数在睡梦中的国人。

叶圣陶：揭露帝国主义的血腥屠杀，报道海内外支持五卅运动的情况！

胡愈之：抨击有关方面的暧昧态度，号召大家抵制英货！收回英租界！英政府向中国道歉！

郑振铎：立即释放被捕群众、惩办肇事捕头及巡捕！

茅盾：强烈要求优恤死者！赔偿伤者损失！

四人：四万万同胞啊，你们都是社会的裁判官，团结起来，一起反抗帝国主义的压迫！

（弄堂灯光黑掉）

（朗诵区灯光亮起）

[屏幕背景：宝山路宝兴西里弄堂里买报纸的人群]

朗诵者甲：《公理日报》，刚刚出版！《公理日报》，一枚铜板！

朗诵者乙：弄堂里已挤满闻讯赶来的报贩。一些报贩怕取不到报纸，爬上窗子往里钻，将玻璃都碰碎了。

朗诵者丙：由于《公理日报》敢说真话，客观报道事件真相，受到广大市民的欢迎，社会影响很快超过《申报》《新闻报》和《时事新报》等大报。

朗诵者甲：在大家的共同努力下，《公理日报》日销量很快猛增至两万份。

（朗诵区灯光黑掉）

旁白：五卅运动后，商务印书馆掀起罢工高潮，在茅盾和陈云同志等共产党员的策划和领导下，印刷所、编译所、发行所、总务处等三所一处党团员带头响应罢工运动。

（商务印书馆区域灯光亮起）

[屏幕背景——商务印书馆]

[人物：茅盾、陈云]

陈云：雁冰，听说了吗？商务印书馆当局打算裁减职工了。

茅盾（紧皱眉头）：听说了，这样下去工人的日子就更加窘迫了！

陈云：我们必须化被动为主动，集体罢工，捍卫工人的权利！

茅盾激动地和陈云握手：和我想到一块去了！薪金太低，工作时间太长，男女工人待遇不平等，罢工势在必行！我去草拟复工条件！

陈云：太好了！雁冰，你口才好，你来向新闻界发布商务印书馆罢工情况吧。

茅盾：好！只要让工人得到该得到的权利，让我上刀山下火海都行！

（商务印书馆区域灯光黑掉）

（朗诵区灯光亮起）

朗诵者甲：由于茅盾、陈云等同志的坚决斗争，罢工于8月27日取得胜利。

朗诵者乙：8月28日上午，商务印书馆全体职工在东方图书馆广场召开大会。

朗诵者丙：茅盾报告罢工谈判经过，解释协议内容，宣布罢工胜利，受到工友们的热烈欢呼！

（商务印书馆区域灯光黑掉）

[字幕]

1925年底，茅盾和恽代英等被选为左派国民党上海市党部代表，赴广州出席国民党第二次全国代表大会。会后，茅盾留在广州工作，在毛泽东任代理部长的国民党中央宣传部做秘书。

（朗诵区灯光亮起）

朗诵者甲：五卅运动和省港大罢工相继爆发，毛泽东直接领导了湖南的农民运动。

朗诵者乙：同时，国共两党的统一战线已经确立，国民革命政府已在广州正式成立。

朗诵者丙：这年深秋，毛泽东去广州主持农民运动讲习所，在长沙停留期间，重游橘子洲，毛泽东意气风发，心情很是舒畅，写下了一首著名的词。

（屏幕播放毛泽东照片）

三人：《沁园春·长沙》——毛泽东。

朗诵者甲：独立寒秋，湘江北去，橘子洲头。看万山红遍，层林尽染；漫江碧透，百舸争流。

朗诵者乙：鹰击长空，鱼翔浅底，万类霜天竞自由。怅寥廓，问苍茫大地，谁主沉浮？

朗诵者丙：携来百侣曾游，忆往昔峥嵘岁月稠。恰同学少年，风华正茂；书生意气，挥斥方遒。

朗诵者甲：指点江山，激扬文字，粪土当年万户侯。

三人：曾记否，到中流击水，浪遏飞舟？

（朗诵区灯光黑掉）

[字幕]

在中国共产党的领导下，全国工农运动形势高涨，革命的发展势头异常迅猛，各种形式的反帝反封建斗争正风起云涌地开展着。

宝山路孕育着新文化运动和全国革命的火种。

（朗诵区灯光亮起）

（屏幕显示各种运动图片）

朗诵者甲：一方面是工农革命运动在蓬勃发展，另一方面是反动势力为了维护其反动统治对革命力量进行疯狂的镇压。

朗诵者乙：中华民族的命运将走向何方，是继续维护黑暗衰退的反动统治，还是冲垮黑暗统治走向兴盛进步？

朗诵者丙：谁将成为主宰发展方向的力量？人们从未像现在这样期待未来，因为他们隐隐约约感觉到——

三人：天，快亮了！

（朗诵区灯光黑掉）

[字幕]

天亮了